高等院校视觉传达设计
特色专业建设与实践研究

U0738818

ONLINE ADVERTISING
INTERACTIVE DESIGN

网络广告交互设计

新世纪版/设计家丛书

刘扬 吴丹 著

国家一级出版社
全国百佳图书出版单位
西南师范大学出版社
XINAN SHIFAN DAXUE CHUBANSHE

Preface

视觉传达，是21世纪现代设计中最宽泛的领域。现代信息社会，随着计算机技术和网络的发展，信息流量、信息处理及信息应用技术的普及，呈现出一种以复制为手段，以光电为媒介，以影像为形态，以仿像为特征的视觉信息传播方式，形成了一种跨学科、跨领域、多学科参与的视觉文化现象。所创造的视觉产品一定是具有共同性、共通性和公共性的，如现实中的生活用品、文化包装、公共广告图像以及建筑和影视产品等，已经成为设计领域内普遍存在的要素。设计的观念和行为日益与大众需求相融合，成为无法剥离的视觉整体。因而视觉传达的基本功能，就是针对信息传达的视觉多元化设计类型，解析其中根本的视觉元素，探索和发现其基本的视觉表现形式和方法，把思想意图表现成可视的视觉形态和环境产品的形式，从而创新社会和文化的视觉产品。

视觉传达专业的设计理论与技能，由传统的装潢设计、平面设计拓展而来。传统上分为三个部分：一是关于视觉审美的理论，阐释视觉美的基本表现规则和重要性；二是关于视觉形态的艺术构成知识，探讨诸如平衡、形状、形式、空间、光线、色彩、运动和张力以及表现等问题，并把这些问题与心理学、视知觉以及自然科学的研究结合起来，直接地把握视觉的形态与形式的方法特点；三是关于工艺方面的知识，提高大工业技术对设计的指导作用。

然而，在时代的发展和科技的进步中，先进的计算机数字化技术将声音、图像、数字、语言、文字等结合起来，使视觉传达具有了全新的形式和特征。电脑成为设计的基本工具，视觉传达设计也从实物信息媒介的应用转向数字化信息媒介应用。光导纤维的出现，使光成为视觉信息的传播媒介，设计通过多媒体技术可以营造具有身临其境般感觉的虚拟场景，使视觉设计形式由单一媒体向多媒体组合转变。就信息时代本质而言，信息是无形的，通过视觉设计形成具象，信息载体由数据文本型设计转化为图像视觉型，并以实现简洁、清晰、准确、易懂的视觉形式进行信息传达，使视觉传达成为信息传播最重要的方式。由此，视觉传达设计的内涵就站在以信息化、视觉化、艺术化的视角，审视、整合视觉元素的认知性、意象性、实体性与文化性的知识技能研究。在广泛的视觉传达设计实践中，传达当代人心理和视觉的需求，演绎多元时尚视觉文化的设计追求。

今天的视觉传达已经是一个最重要的设计领域，不仅涉及视觉形态构成学、符号学，计算机图形处理技术、信息技术，还涉及非技术领域的社会学、心理学、艺术审美学等学科。无论是在理论上还是在实践上，视觉传达设计已经摆脱以单一经济功能为传播目的的羁绊，向基于文化认知与传播的方向发展，向非物质、非经济的知识传播方向转型。它利用信息的可视化技术，以图形、图像为视觉表征，来构建、传达和表示复杂的知识内涵。而知识可视化除传达事实信息外，还在于传递见解、经验、态度、价值观、期望、意见和预测等，有利于帮助人们正确地重构、认知、记忆和应用知识，搭建起认知心理学和人工智能之间的桥梁，为知识的表征作用于人脑提供可靠依据。表面上看，视觉传达只是现代设计的一种信息传达方式，但从深层考量，却有着多学科理论的强力支撑，是通过信息传达这一平台发挥巨大的"所指"作用。因此，视觉传达设计既是一个综合的设计概念，也是一种有意识的信息视觉控制活动。信息通过视觉的表述、识别、传达的全过程，有效地提高了信息传播速度及传播率。这就是我们构建视觉传达设计教育专业特色的重要理念。

由此，新编写的高等院校视觉传达设计专业系列教材，对设计教学改革后的视觉传达设计学科作了系统的分类，视觉传达设计专业教学由平面（二维）、空间（三维）、动态（四维）三个部分组成，它涉及的知识领域有：

平面部分：信息色彩传达设计、信息图形设计、字体设计、标志设计、包装设计、书籍设计、广告设计、品牌形象设计、企业形象设计等；

空间部分：展示设计、橱窗设计、导视信息系统设计、环境装饰立面设计等；

动态部分：多媒体设计、动画设计、网页设计、网络广告设计等。

改革后的设计教学，任何一门课程，已不再是单一地从某种设计教学的角度来进行。如广告设计，过去一般以招贴、杂志、报纸广告为主，现在则延伸到网络广告、多媒体广告等。再如标志设计，现在已不仅在平面范围使用，还在环境空间和视频动态中更加有效地传达。因此，视觉传达专业除在以上学科分类中延展，还与其他更多学科交集，更重要的是始终贯穿于专业技能的基础知识之中。

所谓专业基础，泛指专业知识教学系统的根本和起点，它包含两方面内容：一是事物的基本信息概念、基本规律的知识和技能；二是无论时代发生怎样变化都能起作用的专业素质。它通过确定视觉传达的基础知识系统，如从图形、图像、文字、创意的视觉形态构成的元素着手，探索视觉形式的特征、规律与发展趋势，从而以艺术设计的专业性，凭借视觉认知、技能的知识和经验，赋予材料、结构、形态、色彩、加工以及装饰以新的视觉品质和文化意义，来创造新的视觉设计产品。因此，有关形态元素的感知与发现，造型与形式构成的知识和技能，就成为视觉传达设计专业教学重要的视角和出发点。

与此同时，在视觉传达设计专业教学中提出"视角"方法的特征，是由于对现实世界的解释并非一元性单向度的，而是多元性多向度的，即对"多视角"的重视。视觉传达设计显示出从平面到立体、从静态的标识到动态的影视广告，强调多元性与多面化的表现形式和设计方法。因此，对于视觉传达设计的教育机制，把各种教学方式看作是变化着的动态系统，提倡从不同的视角去感知、解释、研究视觉认知的成因与传达的效应，无不具有艺术教育的特殊形式和内涵。这种特殊性，在新编写的高等院校视觉传达特色专业设计系列教材中，就是既强调教学中无所不在的心理学与系统工程学的科学因素，又倡导系统思维与多元设计的艺术培养方式，当创新作为课题教学目的时，专业教学就是构建具有"前后一致、首尾相连、求变求新"的教学创新形式。

本套"新世纪版·设计家丛书"是国家级"高等院校视觉传达特色专业建设理论与实践研究"重点项目的研究成果，新编写的图书体现了以下四方面特色：

1.系统性与完整性　系统教材从现代设计教学的应用性出发，选择前后连贯、循序渐进的知识系统和技能实践项目，强调教学内容的系统性与完整性，构建科学合理的专业知识体系。

2.改革性与前瞻性　教材内容与社会发展同步，改革传统教学模式，革新教学方法，吸收国际设计教育经验，应用现代设计的新观念、新思维、新技能、新方法，为读者提供思考和学习的新平台。

3.适教性与应用性　教材的最大改革特点是每一个知识点和每项技能都设置有相应的思考与实践练习题，以期最大限度地适应教学的操作性；同时，教材的内容选取、观念意识、案例解析以及学习方法都强化教学的思考性和应用性，引导学习者学习的参与性与主动性。

4.启迪性与示范性　教材编撰的主题内容和形式方法采取近年来设计教学改革的成果，以及国内外高等院校学生近年来的优秀作业，具有良好的示范性；同时编撰具有最新设计思潮和时代特色的作品，以启迪读者思考。

本系统教材也是多年来设计教学改革的成果和现代设计实践的探索产物，因而"改革、探索，再改革、再探索"成为视觉传达设计专业学习者和执业者未来学习的理念与精神，并努力为我国高等教育的设计艺术教学作出更大的贡献。

让我们大家共勉！

四川美术学院教授　　刘扬

目 录

Contents

在21世纪世界科技高速发展的同时，互联网络的出现与不断更新，为信息发布与传播提供了更加优越的平台。网络成为继报纸、杂志、广播、电视后最新、最快、覆盖面和受众面最广泛的大众传播媒体，以网络为载体的网络广告凭借着网络媒体的优越性，其规模迅速发展并日益壮大起来。在这个发展过程中，一方面体现出了新媒体广告形式具备的特殊性质；另一方面，网络广告数量的猛增以及网络广告市场的不规范，导致了网络广告呈现出整体设计水平不高、优劣落差较大的现状。设计粗劣的网络广告不仅不能将信息传播优势特性最大限度地发挥出来，相反，还在受众群中造成不良的影响。对此类网络广告，受众从心理上的反感到点击行为上的抵触，最终导致对企业和品牌的不信任。这将成为网络广告在发展与实现创新道路上的阻碍。

随着广告主对网络广告投放的日趋理智化，各种网络广告对黄金页面的争夺也越来越激烈，网络广告设计优秀与否，直接关系到商业竞争力的强弱，而这种局面给设计者们带来了新的挑战。怎样的网络广告设计称得上优秀？这个问题是改善网络广告现状、促进网络广告发展和形式创新的关键。

网络广告的交互性设计是这一新媒体广告形式与传统广告设计的重要区别之一，它使网络广告能够充分体现存在的价值。交互性体现了网络媒体的优势，同时又形成了交互的传播方式，构成了完整的视觉信息传播过程，因此对交互视觉特性的研究就成为了对网络广告研究的重点。此外，网络广告交互性设计体现在视觉、心理、行为等三大方面的沟通交流。其中，对网络广告交互式视觉结构的研究成为关键，其心理及行为交互的实现都以视觉交互为基础。也就是说，对网络广告交互式视觉结构的研究，最终的意义是使网络广告具备良好的互动沟通功能，使受众主动自愿地投身于其中，提升广告的点击率，使参与互动的受众从感官愉悦到意蕴的领悟再到精神的升华，保证广告信息得到最有效的传播。

在网络广告蓬勃发展的今天，对网络广告的学术研究还相对滞后。国内对网络广告的研究，比较多的是集中在网络广告自身特质（定义、形式等）、网络广告的法律和监管问题以及网络广告的前景预测三大热点问题上。对此，国内学者马冲进行过综述。对于网络广告交互特性的关注，主要集中在如何提升网络广告点击率的研究上，许多学者考查了网络广告形式对点击率的影响，认为目前网络广告的形式单一，很难吸引受众的注意力，提出强烈的感官性是网络广告的一大特点，以及要进行广告形式的创新，创造更多的多媒体广告和动态的FLASH广告。

国外对网络广告的研究，更多侧重于实证分析的方法，而且研究的角度更加的细腻和独特。比如，网络广告内容对引起注意和销售影响的实证研究、性别差异对促销性的电子邮件评价的实证研究、不同生活方式人群对网络广告态度的比较研究等。这些研究，从相互反应和清晰性两个维度对广告效果的影响因素进行了研究，认为广告的相互反应和清晰性是相互联系的，高度的广告交互性需要一定水平的清晰性来刺激消费者点击；高度的清晰性，如3D广告，也需要高度的交互性来刺激消费者浏览。相比之下，国外的研究更强调消费者的地位，将受众分析作为网络广告实现有效交互的前提和基础。

因此，本书的主要内容：一是，基础部分主要是对网络广告的相关基本知识进行介绍，包括定义及分类，总结了网络广告具备的六种特性（即优势分析），分析网络广告目前的现状（即缺点分析），并提出问题；二是，分析部分，与其他媒体广告形式进行比较，区分网络广告在视觉形态与结构组织还有审美模式方面所具备的交互性，并分别从这三个方面分析了不同动态交互的体现；三是，技能部分，以对网络广告交互式视觉结构的分析为基础，解释交互的技能特性，以互动为针对性的网络广告设计理念和创作实践方法。

四川美术学院教授　　刘　扬

本章学时：4学时

学习内容：

1．网络的商业价值

2．网络受众分析

3．网络的传播特点

关键词索引：网络、商业价值、网络受众、网络传播

20世纪后半叶，人类文明历史上最辉煌的成就就是计算机的发明和因特网、数字媒体的诞生。在之后的时间里，它们迅速发展并深入到生活的方方面面，给人类带来前所未有的影响，这种改变不仅停留在物质层面，更深入到精神层面。60年代以来，迅猛发展的计算机技术和80年代以来的网络技术，多维度地拓展了我们的生活与思维半径，引领人们步入了另一个异彩纷呈的世界。随着计算机的普及和互联网用户的日益增多，网络融入了人们的日常生活并逐渐改变人们的生活方式。网络，实现了信息的全球同步化，缩短了地理上的距离，使人们的交际范围轻松扩大到整个地球。一方面，人们在网上发布、查询、搜集信息，既方便又快捷，这里很快就成为各类信息的集散地。这样的信息发布与传播，使网络成为了继报纸、杂志、广播和电视之后的新兴大众传播媒体，这无疑给传统大众传播媒体带来了不小的冲击。另一方面，网络媒体包容着各种文化艺术形式的存在，它打破了文化艺术的行业边界，也颠覆了传统传播媒介的信息传播方式，极大地激发了参与者的热情，丰富了参与者视听体验，同时也使新媒体的艺术创作充满了新的可能性和更广阔的创意空间，各种商业服务行业也瞅准了这片开阔地，这充分地体现了网络的商业价值。

一、网络的商业价值

1．网络的商业化

20世纪90年代以前，Internet的使用一直局限于研究和学术领域，其建设经费也完全由政府出资，并制定一些政策，限制人们将Internet用于商业用途。直到20世纪90年代初，由于巨额的费用负担，Internet的费用已不完全由政府出资了，开始由一些商业公司投资建设Internet，并涉足Internet商业领域，开始经营网络服务，他们于1991年组成了"商用Internet协会"，宣布用户可以把他们的Internet子网用于任何商业用途。

2．网络的商业发展

2009年，Internet开始向全社会提供商业接入服务，首个中国概念网络公司股在美国纳斯达克上市，我国网民总人数首次跃居世界第一，电信运营作为互联网基础设施建设的主力等事件，在互联网发展中发挥了极为重要的作用。胡启恒曾评价互联网的贡献："互联网改变了整个世界的传播形态，它的快捷方式、无国界的特点以及多元化的声音是别的传统媒体无法比拟的，这也正是中国对外传播的关键所在。互联网最大的能量就是把草根阶层的意愿反映出来了。互联网不仅要对外传播党和政府的主张，传播强势群体的声音，同时老百姓的声音、弱势群体的意见也绝不能忽视。只有多方参与，才能真正体现互联网平等共享的特性。"这充分证

明，商业力量是带动互联网规模壮大的关键因素。"当初互联网从民间、从科研机构、从一个很内部化的应用推广到全社会，没有商业的力量，互联网不可能大规模应用，是商业力量使得互联网规模壮大。"

3."新媒体"的商业性

商业机构介入Internet之后，很快发现了巨大商业价值，在通信、资料检索、信息发布、客户服务、商业调查、广告、电子贸易、娱乐等领域都有巨大的潜力。随后，世界各地的无数企业纷纷涌入Internet，1994年底，Internet已通往150个国家和地区，连接三万多个子网，320多万台计算机主机，直接用户超过3500万。1995年，NSFnet宣布正式停止运作，由美国政府指派的三家私营企业经营管理。至此，Internet的商业化彻底完成。

二、网络受众分析

1.网络受众特性

平民化趋势

一般的人认为，网络受众，即"网民"群体的特征为：信息需求大、年龄小、教育程度高、收入多、以男性和白领为主。但是，通过对大量的历次数据及国内外数据的对比研究发现，截至2013年6月底，我国网民规模达到5.91亿，较2012年底增加2656万人，互联网普及率为44.1%，较2012年底提升2%。值得一提的是，我国互联网在农村普及速度较快，半年期新增网民中农村网民占到54.4%。中国网民增长的主要原因在于中国经济实力的增长，上网费用的下降，中国电信基础设施大幅改善，电子及通信产品制造业已经成为中国第一支柱工业，为上网创造了良好的环境。同时，中国教育事业发展使得计算机网络知识和技能迅速普及，网络受众呈现出大众化、平民化趋势。（图1-1）

受众年龄平衡

网络发展的初期，网民的年龄集中在20～35岁之间。但是随着网络普及，受众年龄分布正在趋于平衡。中国互联网络信息中心(CNNIC)发布的第26次中国互联网络发展状况统计报告显示，我国网民年龄结构继续向成熟化发展，30岁以上各年龄段网民占比均有所上升，整体从2009年底的38.6%攀升到2010年中的41%。截至2013年6月底，中国网民中30岁以上各年龄段人群占比均有不同程度的提升，总占比为46.0%，相比2012年底提升了2.1个百分点，说明我国互联网的普及逐渐从青年向中老年扩散，中老年群体是中国网民增长的主要来源。今后互联网将不再是年轻人的专有，只要

符合需求的信息及合理的收费，用户群体必将向各年龄段延伸。（图1-2）

受众文化程度

网民的文化素质普遍较高，这与上网需要计算机网络的知识和技能有关，一般人们是在高校中才能学习到这些知识，尤其是在中国。但是随着计算机网络的知识和技能的普及，以及电脑的人性化操作趋势，上网变得越来越简便，使得网络受众的文化程度分布发生了变化。从CNNIC历次报告的数据中可以看出，网民的学历层次逐渐下降，说明网络普及程度提高，使用网络对专业知识的要求将越来越低，表明网民结构正趋于大众化。截至2013年6月底，中国网民中小学及以下、初中学历人群的占比分别为11.2%和36.3%，相比2012年底均有所上升，尤其在初中群体中的升幅较为明显，说明中国网民向低学历人群扩散的趋势将继续发展，初中及以下学历人群是中国网民的主要增长点。（图1-3）

图1-1

图1-2

受众行业分布

网络受众最初主要集中在科研教育和计算机行业。但通过行业分析，可以发现其行业分布正趋向平衡。2013年最新调查数据显示，学生群体是网民中规模最大的职业群体，占比为26.8%。其次为个体户/自由职业者，占比为17.8%。企业公司中管理人员占整体网民的2.8%，一般职员占10.6%。党政机关事业单位中，领导干部和一般职员分别占整体网民的0.5%和3.9%。值得注意的是，退休和无业/下岗/失业群体在整体网民中的占比有所上升，分别为3.3%和11.2%，说明互联网的使用门槛逐渐降低，逐渐向年龄大或经济条件相对较差的群体扩散。

2. 受众行为动机

早期网络受众上网的主要动机是获取信息。一是获取商业的信息，二是获取休闲娱乐的信息。随着中国网络平台的迅猛发展，中国上网大军的覆盖面越来越广，其上网的需求和动机也趋向多样化，除了获取信息，更希望满足精神和情感上的需求。

受众的商务动机

截至2013年6月底，我国网络购物网民规模达到2.71亿人，网络购物使用率提升至45.9%，与2012年12月底数据相比，2013年上半年网民增长2889万，半年度增长率为11.9%。

网络购物网民增长的驱动力量主要来自以下三个方面：首先，网民数量的持续增长，网民购买力的提升，消费者线上消费习惯的养成，为网络购物奠定了良好的用户基础，成为促进网络购物市场繁荣的重要基础。其次，传统企业纷纷向电子商务转型，拓展了网络购物的品类和渠道，线上产品的丰富，线上和线下的互动，提升了用户的购买体验。再次，网络促销的常态化，激发消费者的购买欲望。

3. 受众情感反馈

2011年网络广告调研受访用户中，认为能从互联网广告获取有用信息的比例最高，为47.2%。用户对于各类媒体广告的态度差异并不太大。而分别有35.8%和34.1%的用户认为购物类网站和搜索引擎上的广告很多是有用的和其感兴趣的，互联网广告的互动性与精准性，能将广告更多地投向相关用户并产生良好互动。而购物类网站和搜索引擎实质上都能与用户进行信息互动，所以用户对这两类服务上的广告态度更为积极。同时，调查结果还显示50%的用户认为网络广告提供的信息对其进行选择有很大参考作用，而24%的用户表示网络广告经常能直接影响其消费决策，这表明，提高用户对网络广告的信任度是网络广告发展的关键。（图1-4、图1-5）

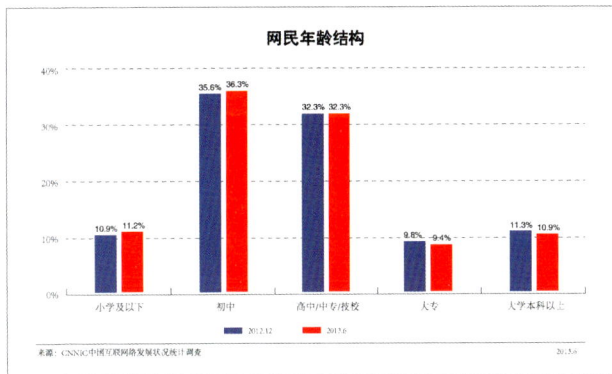

图1-3

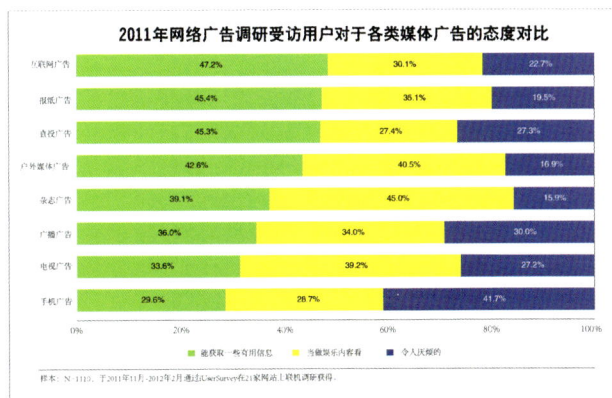

图1-4

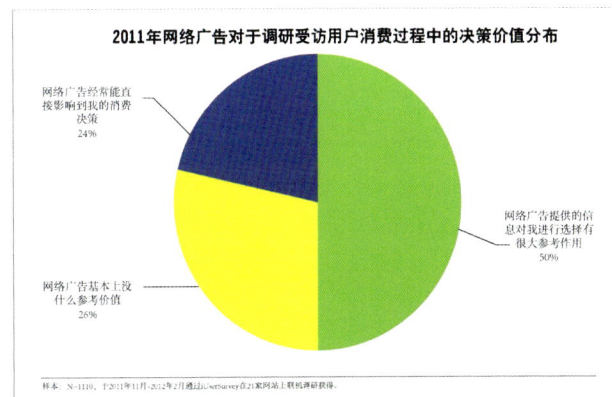

图1-5

三、网络的传播特点

在传统媒介可以借助短信互动前，信息传播最多只能依靠电话和书信来互动，其根本就在于传统媒介不具备通信的特性，但这也是网络媒介区别于传统媒介的最大特征。同时，网络广告在这个全新的信息环境中生存，也必定具备独特的"生存能力"，二者密切相关。网络广告在特性上的优势，都是相对于传统广告而言，也并非达到绝对优化的阶段。通过对网络媒体特征的认识和了解来把握网络广告的特性，对如何创作更适合这一媒体的网络广告，使其充分发挥宣传作用，取得更好的传播效果有很大的帮助。

1．广泛性

国际互联网把广告信息全天候、24小时不间断地传播到世界各地，网民可以在各地的Internet上随时随意浏览信息，这是传统媒体无法达到的。随着技术手段的提高，一些较为特殊的地区也陆续成为网络覆盖区域，其蔓延的趋势还在不断加大。全球目前有150多个国家和地区使用国际互联网，这意味着网络面向的是这150多个国家和地区的受众，并且同时面向的是不同文化、不同语言和民俗的群体，这样的信息覆盖率是前所未有的。

2．精准性

当市场营销走过生产导向、销售导向、渠道导向到传播导向，走到今天的数字时代时，信息的不对称被打破，消费者的洞察力提高，以消费者为导向的一对一行销将变得尤为重要。这将是网络发挥互联网的一对一性、实现信息传播和行销效果最大化的时候，受众的兴趣和需要驱使他们激活相对应类别的网络广告，他们成为该产品或服务的目标消费者或者是潜在消费者，就传播而言，其精准性较传统媒介更强。

3．时效性

传统媒体传播信息受到时间和空间的制约性很大，这和其承载媒体有直接关系。电视、广播信息的时间控制，"过时不候"，加之其不具备可选择性，整体传播过程受到影响；报纸、杂志广告的版面控制，使得设计者在保持广告醒目抢眼的同时，无法保证信息量的输出。

思 考

1.网络成为广告传播媒介的原因是什么？
2.新的广告形式对广大受众带来了什么样的影响？
3.网络媒介的优势为网络广告的发展提供了怎样的平台？

实 践

主题：认识网络媒介的特性。

形式：以任意一则产品的网络广告为对象，用分镜头图像的形式展示出该广告，简要介绍该广告，并设计一则相应的平面招贴广告。

设计要求：

1.作业要求在A4纸面上展示网络广告分镜头一组（不低于5个镜头），以及一张招贴广告（尺寸自定）并附文字介绍。

2.广告的设计主题与风格表现要与所展示网络广告相匹配，可以做相同主题也可做系列延展。

设计指导：网络作为新兴的传播媒介，其信息传播具有广泛性、主动性、时效性、精准性、交互性、延展性等特点。而其中，交互性是网络与其他传统信息传播媒介相比最为突出的特性。Internet将现今多种媒体融合在了一起，广播、电影电视、报纸等应有尽有，人们的选择变得更为丰富和自由，不但可以选择看什么、听什么，还可以选择什么时间看、什么时间听。深刻体会网络的特性是了解网络广告特性的前提，只有掌握了网络广告信息传播的特点，才能在网络广告的设计中关注其特性的体现和发挥，而不是仅留于广告设计的视觉表现。

趣多多饼干视频广告

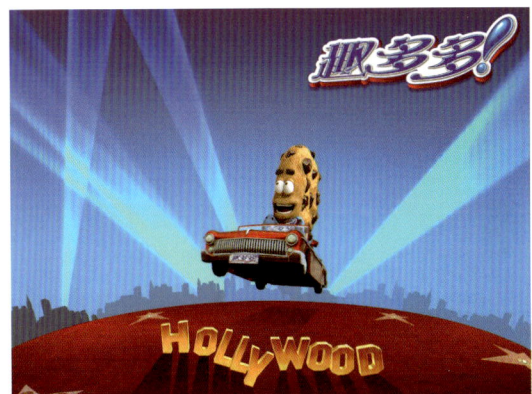

网络广告的传播具有广泛性、主动性、时效性、精准性、交互性、延展性等特点。其中，交互性是网络与其他传统信息传播媒介相比最为突出的特性。用户可以自由选择欣赏或关掉这则广告，并参与到这则广告当中。

趣多多饼干招贴广告

联想笔记本电脑招贴广告

联想笔记本电脑网络动画广告

本章学时：4学时

学习内容：

1．网络广告的概念

2．网络广告的形式

3．网络广告的特点

4．网络广告的发展

关键词索引：网络广告的概念、形式、特点、发展

网络媒体的出现和发展不仅改变了我们的物质生活，也提供了一道道精神文化大餐。广告随着新媒体时代的来临，其形式也在不断翻新，网络广告作为支撑着网络媒体的一支生力军，它的地位不容忽视。认识何为网络广告以及了解网络广告所具备的独特性质，是进一步把握网络广告设计的基本前提。

一、网络广告的概念

网络的兴起，为企业的产品、服务、品牌提供了传统媒体远远不能达到的一个别具优势的宣传推介空间，提供了一个更为宽广的提高知名度和影响力的平台，也为广告创造了一个具有无限商机的新增长点。另外，网络媒体的强劲发展势头使广告业界人士意识到，广告业将进入新的发展阶段，单凭传统的广告服务模式已经不能完全适应新的传播媒体需求，创造适合新媒体环境和新市场环境的全新的广告服务模式成为必然，网络广告因此应运而生。

1．网络广告定义

网络这一全新的大众媒体成为了广告的载体，由于新媒体的自身特性，使网络广告在传统广告的定义基础上具有更深层的含义。在此，我们结合网络媒体与广告的概念，将网络广告定义为：利用网络终端的计算机，通过网络系统在网站中被受众激活的商家、厂家的商业信息或政府、社团、企事业单位的公益信息。

2．网络广告的分类

为满足大众的不同需求，同时也为实现各种传播目的，形形色色的网络广告抢滩登陆。由于网络媒体的特殊性，网络广告在表现形式与作用等方面都与传统广告有很大的不同。我们从四个方面对网络广告进行分类。

首先，根据网络广告的性质将其分为：侧重于商务与促销活动的商务类广告；以传递服务文化、服务活动方面信息为主，建立自身商业形象的服务类广告；以满足受众精神文化生活需要为目的的文化类广告；以维护和促进社会经济文化发展为目的的社会类广告；以宣传科学与人文精神、树立文明观念、推动社会健康发展为目的公益类广告。

其次，依据广告在网络上的载体和发布方式来划分：当前流行的网络广告主要有网页广告、搜索引擎广告、电子

邮件广告、在线游戏广告、软件广告等。网页广告主要指用户打开网络浏览器时自动显示在屏幕上的广告；搜索引擎广告可以通过关键词搜索和数据库技术把用户输入的关键词和商家的广告信息进行匹配；电子邮件广告通过向用户发送带有广告的电子邮件来达到广告的传播效果，用户也可以根据自己的兴趣和喜好向广告提供者主动订阅；在线游戏广告常常把广告预先设计在互动游戏中，在游戏开始、中间、结束的时候，广告随时出现，也可以利用游戏中的人物、情节来设计广告内容，引起游戏玩家的认同；软件广告也叫搭载广告，软件作者把含有广告代码的插件或者广告链接捆绑在软件中，在用户安装软件的同时，能够将插件同时安装到用户的电脑上，并能够把广告标识显示在软件界面中。

再次，由于网络媒介的链接特性，可以依据网络广告的层次进行分类。包括了居于门户性网站首页的首页广告，主要发布精简的提要信息或作为进入分类信息的引导点；在注册了独立域名的网站空间发布的主页广告以及在网站租用页面范围内发布的网页广告。

最后，依据体现网络广告特征与优势的形式分类包括：用广告语或品牌吸引受众，使其点击链接到自身网页的点击类广告；单方面传播信息的展示类广告；在节假日或特殊日期以贺卡方式出现，可供下载的投递类广告；以画面自身或画面整体移动形式出现的动画类广告。

以上这几大类网络广告，总的来说可以归纳为点击类与非点击类广告，而其中绝大部分种类的网络广告都要求能够最终促成点击，以此来确认信息传达的有效程度。

二、网络广告的形式

1．旗帜广告（Bannerad）

旗帜广告是最常见的网络广告形式，是互联网界最为传统的广告表现形式，其形象特色早已深入人心。旗帜广告通常置于页面顶部，最先映入网络访客眼帘，创意绝妙的旗帜广告对于建立并提升客户品牌形象有着不可低估的作用。

在互联网时代之初，旗帜广告是在线营销的主要方式之一。那时候还没有太多的高质量站点，为搜索具有特色及好

图2-1

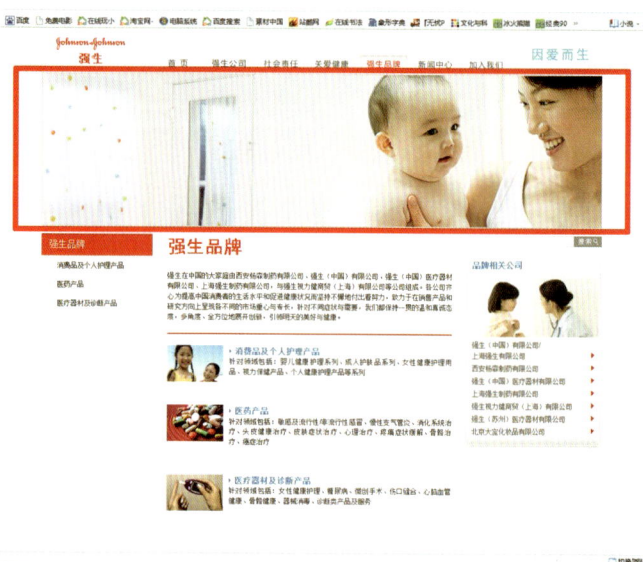
图2-2

的内容的网站，访客们积极地点击旗帜广告。今天，情形已经完全不同了。旗帜广告的泛滥使得我们不得不对其视而不见，除非特殊情况，访客们尽量不去点击旗帜广告。这是否意味着旗帜广告已濒临灭亡？其实还没有那么快。尽管与过去相比旗帜广告的点击率比较低，但根据你的目标，旗帜广告仍然可以非常有效。今天所使用的旗帜广告，要么是用于品牌识别，要么是用于给网站带来更多的流量，从而带来更多的销售。品牌识别作为全方位的意识活动，公司都将旗帜广告放在特定的站点之中。（图2-1、图2-2）

2．按钮广告（Button Advertising）

按钮广告是从旗帜广告演变过来的一种形式，是表现为图标的广告，通常广告主用其来宣传其商标或品牌等特定标识。按钮广告与旗帜广告类似，但是面积比较小，而且有不同的大小与版面位置可以选择，最早是浏览器网景公司用来提供使用者下载软件之用，后来这样的规格就成为一种标准。

按钮广告能提供简单明确的资讯，而且其面积大小与版面位置的安排都较具有弹性，可以放在相关的产品内容旁边，是广告主建立知名度的一种相当经济的选择。例如，戴尔曾将一个广告按钮放在一份科技类报纸的电脑评论旁边。一般这类按钮不是互动的，当你选择点击这些按钮的时候会被带到另外一个页面。有时这类广告可以提供音效和影像，但要花很多时间下载，因此不是很受用户欢迎。（图2-3、图2-4）

3．漂移广告（Floating Advertising）

此类广告为在一页面上游动的小图片或小动画，点击它可链接到广告页面或网站。这种广告由于在页面上不停地游动，可以引起浏览者的注意，但这种不停地游动也给浏览者浏览页面内容造成了很大的干扰，使浏览者产生抵触和反感情绪。这种广告受到广告主的欢迎，它带有强制浏览者观看的作用，前些年该类广告应用较多。近年来，由于网络用户对该类广告的强烈反感，许多网站已不再使用该类广告形式。

4．弹出式广告（Pop-up Ads）

当人们浏览某网页时，网页会自动弹出一个很小的对话框。随后，该对话框或在屏幕上不断盘旋或漂浮到屏幕的某一角落。当你试图关闭时，另一个会马上弹出来，这就是互联网上的"弹出式"广告。

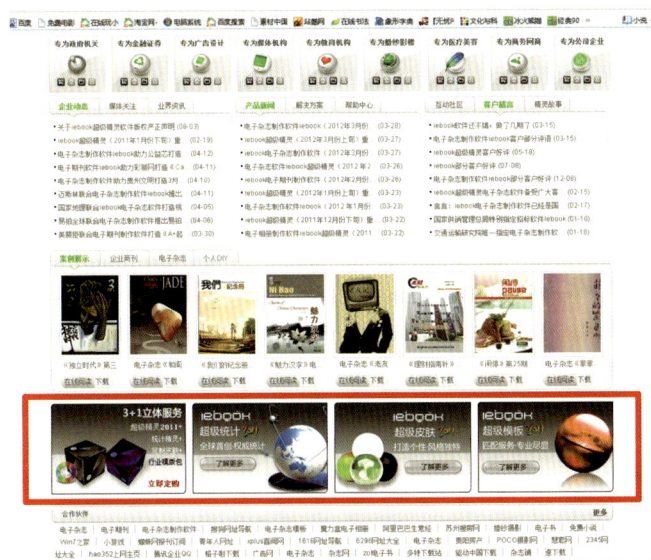

图2-3

图2-4

多年来，人们对这种"弹出式"广告的争论已经达到了白热化程度。广告商们之所以对这种新颖的广告方式情有独钟，是因为它可以迫使广大网民不得不浏览其广告内容，从而获得较好的广告效果。但广大网民对此早已是深恶痛绝。

一种弹窗形式被称为"鼠标陷阱"（Mouse Trapping），它使用一个网页或广告遮住整个屏幕，没有任何菜单或按钮可以让用户关闭这个窗口。这个问题主要影响ＩＥ浏览器的用户。解决该问题的一个方法是使用Ｃtrl＋Ａlt＋Ｄel或者Ｃtrl＋Shift＋Esc（Windows 2000及以上系统）调出任务管理器来结束进程，但这也会将与弹窗无关的窗口关闭。更好的方法是使用Ａlt＋Ｆ4组合键关闭当前窗口，因为弹出的窗口总是在最前端。

除了网页浏览器会弹出广告，一些间谍软件和广告软件也会弹出广告窗口，有一种广告通过Windows的信使服务来传播。这类广告出现时就像系统的对话框，上面出现的文字往往把人们引导到另一个网站。（图2-5、图2-6）

图2-5

图2-6

图2-7

5．分类广告(Classified Advertisements)

网络分类广告是充分利用计算机网络的优势，对大规模的生活实用信息，按主题进行科学分类，并提供快速检索的一种广告形式。网络分类广告的特点有：

实用性：以生活实用信息为主，满足大众日常生活需求。

主动性：干扰和强迫成为传统广告传播的通行规则，已经造成受众的排斥。网络分类广告按主题归类，消费者根据需要可以主动阅读，因而越来越受到消费者的喜爱。

规模性：大量同类的广告放在一起，形成网上"行业超级市场"，方便消费者比较选择，凸现规模效应。

廉价性：发布一条网络分类广告一天只需几块钱，广告主可以长期发布，从而形成"鹅毛效应"。

自助性：广告主足不出户，就可以将文字、图片等丰富的广告内容发布在网络上。（图2-7、图2-8）

6．游戏广告(Game Advertising)

在游戏中放置的广告，以不影响玩家为前提。像Second Life就是一个虚拟世界，比真实世界更丰富、更富有想象力，好多大公司已经在里面开了工作室。中国目前的类似游戏还没有完全浮出水面，但已经有人涉足其中，HiPiHi就是在内测中。（图2-9、图2-10）

图2-8

图2-9

7. 网站栏目广告(Website Advertisement)

一些综合性网站和门户类网站都设有很多专栏，提供诸如新闻、娱乐、论坛等各方面的内容和活动。在网上结合某一特定专栏发布的广告通常称为网站栏目广告。这类广告很大一部分是赞助式广告（Sponsorships ad），一般有三种赞助形式：内容赞助、节目赞助和节日赞助。赞助式广告形式多样，广告主可根据自己所感兴趣的专栏内容或节目专题进行赞助。前者如一些综合性网站上很多见的"旅游文化""软件天地""商业新闻"等热门栏目；后者有网站上即时开设的诸如"澳门回归专题""法兰西世界杯足球赛"以及网站在特别节日所推出的网站推广活动等。这些网站栏目支持广告的位置一般在各专栏的顶部，对树立起广告客户的"在线"形象有极大的帮助，也是受众多广告客户青睐的一种广告形式。

另外还有一些利用电子公告牌系统（Bulletin Board）和网上新闻组（Online News）专门开辟的一些商业栏目、广告信息服务。（图2—11、图2—12）

8. 其他广告形式(Other Advertising)

其他的网络广告形式有：随网上可下载的资料一起的附加式搭载广告（比如附加在免费下载的软件、视窗壁纸和其他图库资料中），最著名的莫过于附加在NetAnts、FlashGet上的广告；可节省网页空间的下拉菜单式广告和鼠标指向放大式广告；新鲜有趣的光标广告；鼓励网民点击的有奖广告（通过累积点击次数付给一定费用或奖品）；一些广告主与网站一起合办的吸引感兴趣的人士参加的网上广告活动（带有商业色彩的网上竞赛或网上推广活动），等等。随着互联网软、硬件技术的提高和应用，其他新型的网络广告也不断涌现，比如网上广播广告和网上电视广告将随着互联网软、硬件技术的提高和应用，随着网上数字广播和数字电视的发展普及而占据一席之地，越来越多生动活泼的网络广告形式将出现在网上。（图2—13、图2—14）

图2—10

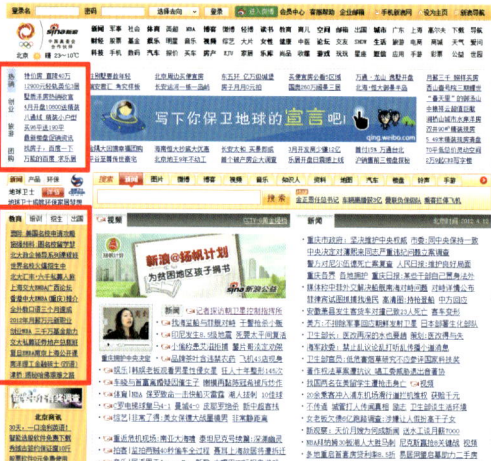

图2—11

图2—12

图2—13

图2—14

图2-15

图2-16

图2-17

三、网络广告的特性

网络广告是以网络作为传播媒介的新兴广告类别，网络新媒介区别于传统广告传播媒介，更具有自身的特殊性，使传统媒介在信息传播速度、覆盖广度、交流互动等方面逊色不少，网络广告也因此具备了主动性、链接性、延展性以及交互性。网络的媒介特殊性赋予了网络广告先天的优势，但由于网络广告的发展还处于不成熟的阶段，网络广告市场鱼龙混杂、良莠不齐，就目前看来，其自身也存在很多问题。

1．主动性

网络媒介是个完全开放的信息传播空间，它的自由与人性化也是传统传播媒介无法比拟的。电视、广播等传统广告传媒在传播信息时，都具有很大的强迫性，受众是被动的，缺乏选择的余地；而报纸、杂志广告又不能保证完成信息的传达过程。绝大部分网络广告在主动性方面体现出了优势，使消费者拥有比面对传统媒体更大的自由，他们可根据自己的个性特点和喜好，选择是否接收或者接收哪些广告信息。特别是对于点击类广告，主动性选择的特性还保证了广告信息在传播过程中最大限度地被接受。一旦消费者作出选择点击广告条，首先其心理上已经认同，在随后的交流中，广告信息可以顺利地进入到消费者的心中，实现对消费者的引导。（图2-15～图2-19）

图2-18 网络广告在主动性方面所体现的优势,在于充分调动受众观察事物"有"与"无"的视觉心理,吸引注意力,启迪好奇心,激发点击率。

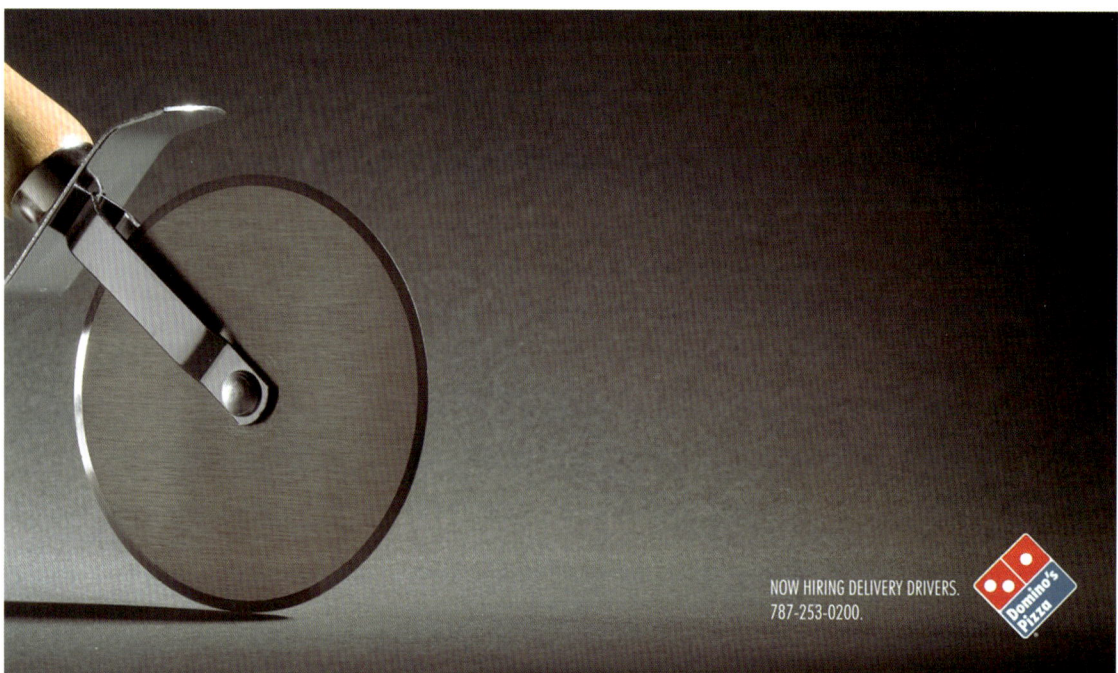

图2-19 一旦受众作出了选择,广告的信息,首先在受众的心理上已经得到认同,就能顺势实现引导,完成信息的有效传达。

2．链接性

广告在传统媒体上发布后更改的难度比较大，即使可以改动也需要付出很大代价。例如，电视广告发出后，播出时间就已确定。因为电视是线性播放的，牵一发而动全身，播出时间稍作改动，往往全天的节目安排都要重新制作，代价很高，如果对安排不满意，也很难更改。而对于网络广告而言则容易很多，因为网站使用的是大量的超级链接，在一个地方进行修改对其他地方的影响不大。这些因素决定了传统广告信息在时间上的阶段性特征，网络广告更具实效性。（图2-20、图2-21）

图2-20

图2-21

3．延展性

传统广告受到时间和空间的制约性很大，这和其承载媒体有直接关系。但是，这些缺憾在网络媒体上都得到了补充，因为受众可以自主选择，停留的时间长短是根据自身的兴趣以及信息接受程度来决定的，在时间上体现出延续性。同时，由于网络的链接特性，广告信息不用被迫拥挤在一个版面上，在主页面下可设置多层页面，信息容纳空间得到了扩展，并有利于信息分流，使受众一目了然。

4．交互性

交互性是网络广告所独有的特性，也是较传统广告来说的最大优势所在。网络广告的互动是实时、多次和持续的互动，这样的互动使基于人机的交互更有可能胜于人与人、面对面的互动，因为它利用了计算机的多媒体功能，它使交互可以借助图形、声音，可以超越交互双方的知识范围。这样的形式促使受众更积极地理解广告的含义，依照自己的理解和接受能力步步深入。但由于受众的个体差异，也决定了结果的多样化，这不是强加的，而是由受众自身参与得到的结果，使接受广告信息的过程更为主动和充满乐趣。

四、网络广告的发展

1．网络广告与传统媒体广告

传统媒体广告主要的形式包括四种：广播、电视、报纸和杂志，它有产生时间早、传播体系比较完善、社会覆盖面广泛等特点。到目前为止，传统媒体广告依然扮演着非常重要的角色，主导着大多数人的时尚追求。某些知名网站都会选择传统媒体广告作为它的宣传武器，如淘宝、人人网等，这不能不说明它的巨大优势依然存在。但是，传统媒体广告自身存在着难以逾越的发展瓶颈：全球化背景下时间地域的限制，宣传费用的高昂，一则广告从制作到传播花费的时间长且无法直接地追踪其广告的效益，进行的是卖方市场的推销营销式宣传，等等。而作为新兴起来的网络广告则恰恰能克服它的种种缺点，网络的全天候和全球性突破了时间和地域的限制，光纤的使用使得传播速度以秒计算，低成本的广告投入和互动式的买卖（如淘宝、京东、亚马逊等交易网站）使各中小公司、企业进入广告领域的门槛降低，并最终引导了新的交易形式的出现，促进经济朝着多方向发展。（图2-22、图2-23）

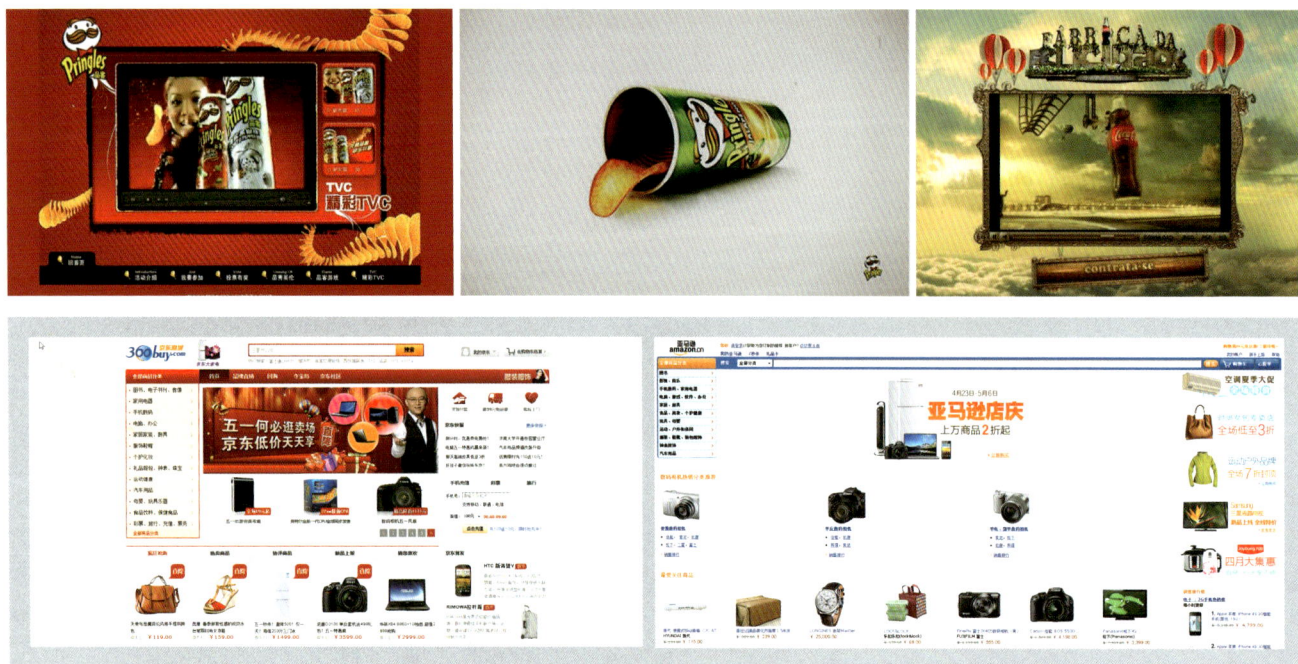

图2-22

2．网络广告的现状

网络广告建立在互联网的基础上，它受限于互联网，但同时也随着互联网的发展而发展。目前我国的网络广告现状总体上不如国外，一方面由于国内宽带等的技术限制，使得能体现网络特性、更人性化、情感化的广告无法顺畅地实现；另一方面则是由于网络广告的低成本优势，许多良莠不齐的企业主加入到网络广告的宣传阵营当中，加之监管不力，就造成了各类虚假广告、垃圾信息、流氓软件（介于病毒和正规软件之间的软件），通俗地讲是指在使用电脑上网时，不断跳出的窗口让自己的鼠标无所适从；有时电脑浏览器被莫名修改，增加了许多工作条，当用户打开网页却变成不相干的奇怪画面，甚至是黄色广告。有些流氓软件只是为了达到某种目的，比如广告宣传（这些流氓软件不会影响用户计算机的正常使用，只不过会在启动浏览器的时候多弹出来一个网页，从而达到宣传的目的）。低俗劣质广告大行其道，给网络广告的发展带来了负面影响。尽管如此，目前的网络广告散射的光彩依然照人。有远见的公司会给予网络广告以足够的重视，制作精美的公司网站宣传自己的企业实力、文化和产品。可以说，网络广告作为一个新生事物，在中国的兴盛也只有十多年时间，目前还处在一个发展不成熟的阶段。（图2-24～图2-28）

图2-23

图2-24 充斥着大量垃圾广告的网页。

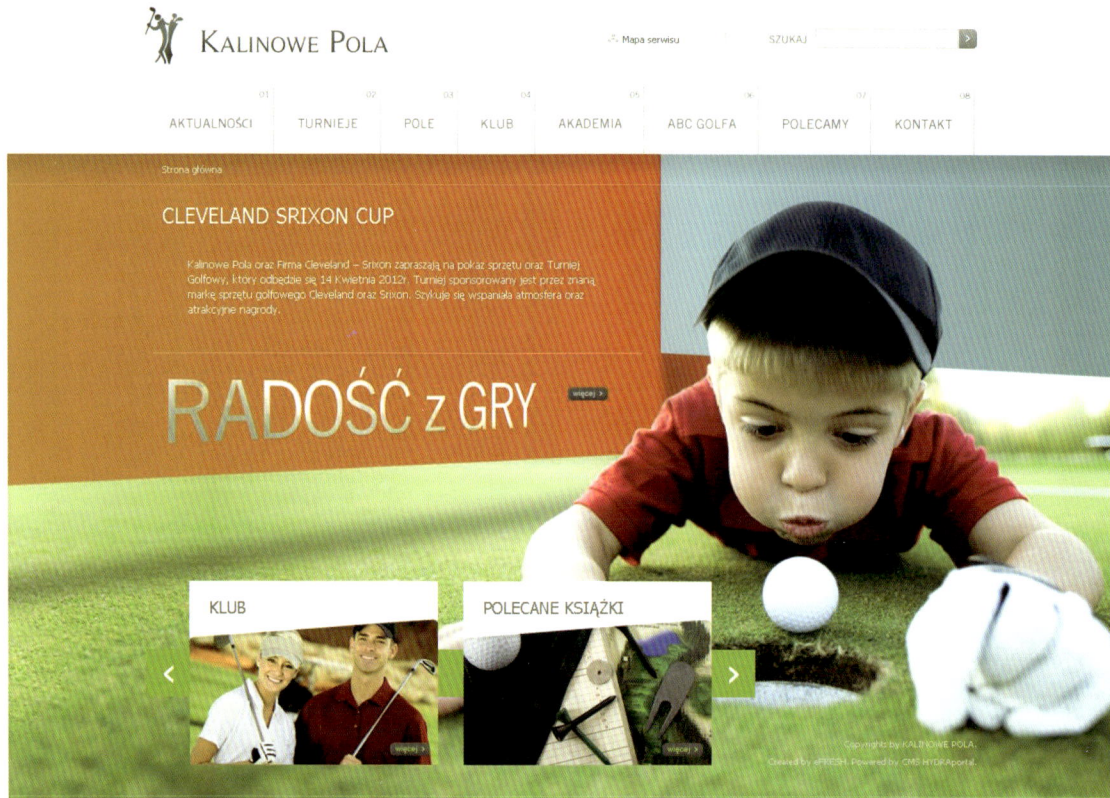

图2-25 清新宜人的网络广告。

图2-26 本来整洁的网页，在打开的时候被其他弹出式广告强占，深受网民唾弃。

图2-27 被低俗、无味的广告充斥的网站。

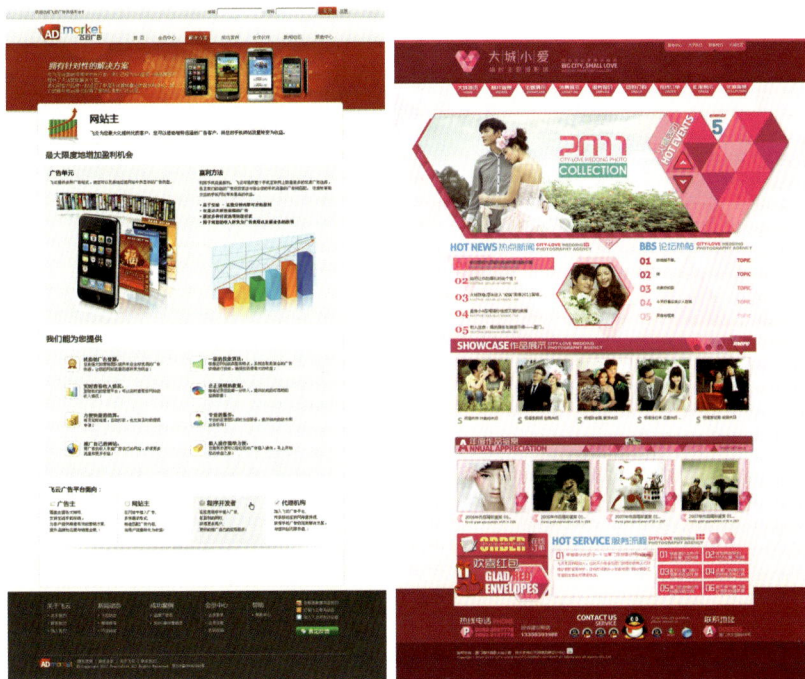

图2-28 貌似信息量很多，但是产品的差异化不突出，缺乏主动性的信息亮点，失去了网络广告的特点和作用。

3．网络广告的发展趋势

网络广告的特殊性质，使传统媒介在信息传播速度、覆盖广度、交流互动等方面逊色不少，因此也具备了广泛性、主动性、时效性、精准性、时空延展性以及交互性。网络的媒介特殊性赋予了网络广告先天的优势，尽管网络广告的发展还处于不成熟的阶段，网络广告市场也是鱼龙混杂，其自身也同样存在很多问题。但从长远来看，网络安全与道德环境、网络技术条件等必将有很大的提升，网络广告作为一种新的传媒方式必将大放光彩。

思 考

1.网络广告多种形式的催生因素是什么？

2.各类型网络广告分别应用在网络中的哪些地方，它们各自的功用是什么？

3.网络市场对网络广告发展的影响有哪些？

4.网络广告的发展问题反映在设计中主要有哪几个方面？

实 践

主题：网络广告的良性传播

形式：针对性广告改良设计

设计要求：在互联网上搜集三则设计不良的网络广告（广告形式不限），从设计的角度分析这些广告受到用户反对的原因。针对这些问题对其中一则广告进行改良设计。

设计指导：弹出式、漂移式、电子邮件等广告形式由于成本低、传播范围广等优势大受广告主的青睐。但这些广告形式严重干扰了网民对网页信息的浏览，遭到很多网民的反对，加之网络是一个开放式的传播媒体，信息的接受者同时也能成为信息的提供者。因此，网络的广告信息纷繁复杂、真假难辨，使网络广告的信任度下降。我们通过对网络广告发展现状的认识，明确优秀的网络广告设计对改变这些状况起到的积极作用。

优秀网站、网络广告赏析

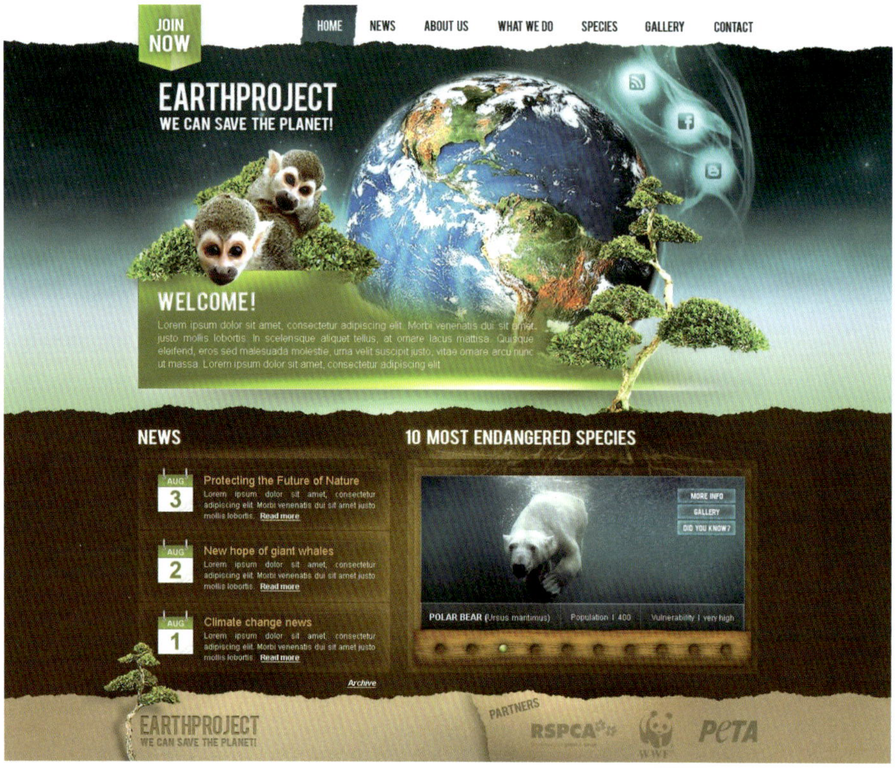

优秀的网络广告一定是通过充分体现网络广告的特性来推广利益、服务受众的。

上图，是一个以保护地球为主题的公益广告。作品简约有序的形象符号，包含丰富的信息量，并以珍稀濒临灭绝的金丝猴与北极熊动物形象启发受众的点击意识，形成良好的互动关系。

中图，是一百货公司的网络广告，作品以充满生活情趣的象征事物组合，巧妙地设计"口形"符号来突出公司品牌的标识，并引导出五彩缤纷的信息条，促进受众的互动性和参与性。

下图，虽然是推广民族服装的网络广告，作品在突出品牌标识的同时，巧妙地将标识卷草纹样的形式，延展到镜框装饰带的缠绕形式上，强化信息的分类，引导受众点击显示出作品在强化品牌的识别与认知上对网络广告特性的艺术化运用。

尽管网络媒介的特殊性赋予了网络广告传播速度、覆盖面与交流互动等方面的优势。但仍需要优秀的视觉设计才能很好地发挥出这些优势。如上图，旅游广告中由背景中的一串彩旗将品牌标识与分类信息联系起来的主页面视觉流程设计。中图，奔驰概念车与背景中一往无前的车道分隔拱门，所形成的时空延展的分类信息"环"，既表达了简约推广的主题，又显示出丰富信息内容的选择性。下图中，由彪马运动服装品牌标识所引导的富于节奏变化的时尚运动形态组合，既充满吸引受众意趣又能激发顺势点击的效率，很好地反映出网络广告的交互性优势。

网络广告的设计原则

从理论上对网络广告分析，对于设计而言，是随着网络技术的发展，应用更为有效的手段来回避不良的网络广告信息。但一段时间里，网络广告平台上提供商曾经推崇的一些网络广告形式，受到前所未有的阻击。这样的现状，对设计者来说是一种挑战，不仅要解决网络广告设计的现有问题，还应在交互性设计上下足功夫。我们需要有一种方式和方法来引导我们的思维、指导我们的设计，这对网络广告的发展都具有理论与实践意义。

一、网络广告的诉求

1. 需求即目标

"需要是创造之母"，网络广告的设计要以满足受众需要为目的，是有针对性的设计。当某个特定受众群体作为广告信息传播的对象时，对他们需求的把握就成为创造该广告的前提，除了目标受众，广告的潜在受众也应该列在考虑范围内。因此，把握不同人以及社会的需要是我们首先要树立的设计观念。

需要作为人的本性具有共同性的一面，包括了生理和社会性的需要。需要是推动人们活动的根本性原因，我们总是

在需要得到满足后，又会有新的需要被唤起。随着社会物质与精神生活的提高，人的需要也在攀升，正因为这样，人们也在需要得到不断满足的过程中日益充实。生理需要是受本能驱使而产生的天然性需要，是由于人的生理构造与机能的相同使其具备了普遍性；而人的社会性需要是在此基础上发展起来的。除此之外，同样的外部环境也会使人产生共同的基本需要。

由于个体的差异，需要还具有个体特性的一面。不同的个体，由于文化特征、个体性格差异，在个体需求上有所不同，这样的个体，不单纯指一个个体的人，也可以是由于某种兴趣爱好或理想追求等共同因素而被归入一类的人群。对设计目标的确立和设计的定位是在权衡需要的普遍性与特殊性后理性分析的结果。（图3-1、图3-2）

2. 诱导的逻辑

网络广告对受众的诱导方式首先应该是良性的诱导。诱导方式的运用应该包括吸引与引导两个方面，引导要以保证受众获得信息的准确度为标准进行评价。无论从视觉构成还是从信息组织的角度来看，吸引与引导的信息内容必须是相符合的，否则受众的互动过程就无法持续下去，引导就失

图3-1

"需求即是目标"，网络广告的设计是有针对性的设计。有为"健康生活每一天"的需求，即有"步由自主"的体育广告；有为拥有"温馨舒适的家"的需求，即有住宅地产的推广。但特别的诉求是需要持久的目标受众调查、分析和定位，设计是在权衡需求的普遍性与特殊性后，理性计划来开展的。

图3-2

去了本来的意义，对网络广告来说，会给受众造成挫折的心理，从而失去信赖感。

其次，网络广告的诱导是与受众的心灵沟通，因此诱导方式的设计是建立在对受众心理意识的把握上。广告的设计不能一味追求强烈的冲击力，或者以广告主或设计者意愿为依据，甚至不择手段诱骗受众点击广告，这样的网络广告形式很可能适得其反。正确的诱导方式是使受众在自觉自愿的情况下参与广告互动，也是视觉、心理和行为等多个方面的互动。良好的诱导形式对受众是具有指导意义的，是刺激受众心理需求并能满足其需求的一种手段，是网络广告互动形式得以顺利实现的保障。

因此，网络广告的诱导设计要符合受众心理需求、遵循受众心理需求的存在与变化规律，这样才能使网络广告的互动形式效应得到有效的发挥。（图3-3、图3-4）

图3-3 这则网络广告是以体育明星为诱导形象来设计符合受众心理的信息内容，并以"寻找线索"与"答案揭秘"为引导来深化广告的主题：是什么声音让他们充满能量？

图3-4 网络广告的诱导设计是建立在对受众心理的把握上，通过广告画面的形象符号、风景氛围以及良好的问候，使受众自觉自愿参与广告的点击互动。这则广告即是鲜明例证。

3. 多样的统一

网络广告的时空延展性使它具有更大形式创新的可能性，网络广告设计要在视觉、听觉、心理等多方面使不同的受众获得丰富的体验。设计元素、构成形式、互动形式等都会呈现出多样性，但同时，多样性应该从属于统一性。多样性分别存在于独立页面本身以及多层次页面之间，独立页面的多样性依靠基本元素的构造与呈现方式来体现，多层次的信息页面允许多个诉求点的存在。以诉求点为阐释中心的子页面，作为针对目标受众的分类信息空间，要具有相应的个性特色，多层次页面体现的多样性，应该是以信息分类为基础的个性群体间的多样性。

统一性也包括了两个方面的内容：一是从形态构成上保持单个页面的和谐统一以及层次页面以类为单位的总体性，另一个是从总体上保持整个广告主题信息的完整性。

多样是为了满足不同类型人群的不同需求，而统一的最终目的是为了信息的有效传达。形式要为内容服务，所以说多样化是相对而言的，盲目寻求多端的变化会影响主题信息的清晰度，干扰受众的解读，因此多样化的实现要以统一为前提。（图3-5、图3-6）

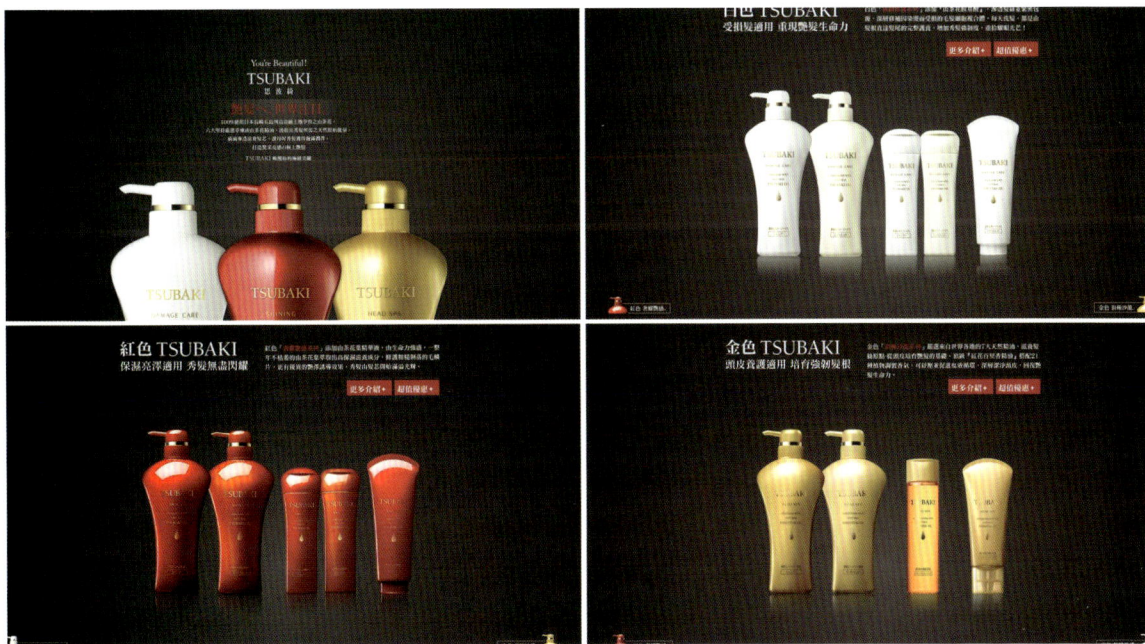

图3-5

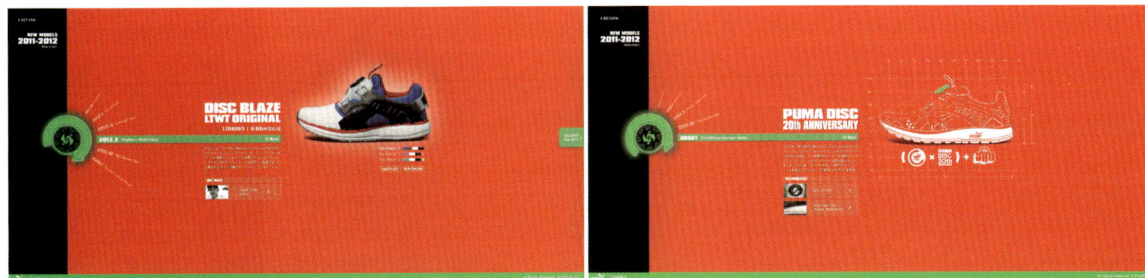

图3-6

二、网络的随机选择

1.锁定视线

　　网络广告所处的网络媒体是开放式媒体，除了专属网址的专题性广告外，大多数网络广告都要在同个页面中面对多个竞争对手的挑战。那么，能够吸引并抓住受众视线的一方就能胜出。只有能够抓住大众心理、迎合其兴趣、符合其利益的广告才能对受众产生磁力，在受众被吸引的同时，能够保持受众心理上受到处于中等偏上的刺激度，才能有效地锁定。这里面包含了广告自身的元素对比与广告和环境的关系对比。在自身的对比中，要在文字、图形图像、色彩上注意大小、疏密、层次、深浅等对比；要在保持简洁、完整的前提下，既能控制对比不会过分强烈又要能够突出视觉中心，做到主次分明。在对环境的考虑中，广告自身的设计要能够突出于环境色之中，才能从信息堆里跳出来，抢占受众的视线焦点。（图3-7、图3-8）

2. 受众群组

　　之前我们有提到受众需求的普遍性与特殊性，我们在网络设计中首先要进行目标定位。那就要针对目标受众的群体需求，群体的需求就是这个目标群体里受众的需求共性体现，也是将这些受众划分为一个类群的依据。但由于网络广告的互动性，使受众的需求在互动过程中会发生转移，比如，由于刺激对象满足了受众的现实需求，受众又会有新的需求产生。因此我们就不能保证在互动过程的开始到结束，目标受众群体的组合成员都是不变的。他们的组合是具有随机性的，当他们作为目标受众被吸引参与互动后，也许由于需求得到满足的期待度不同，在某个区域停留的时间也会不同；另外，当需求得到满足后，由于个体的差异，其被唤起的新的需求也会有所不同。这样的差异决定在接下来的一个环节，他们各自行进的方向。因此，在具有选择性的页面中，受众群体会进行分流，群体会发生重组的可能。

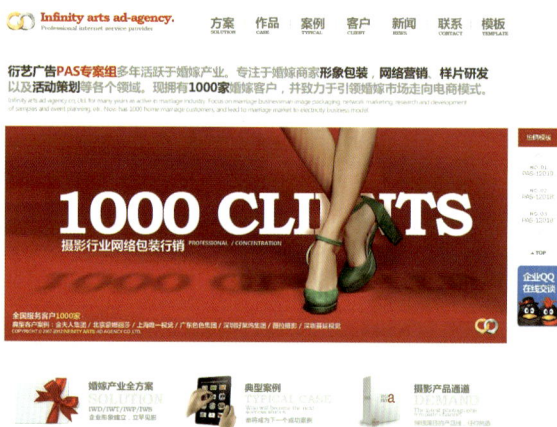

图3-7

图3-8

3．分类引导

由于受众群体组合的随机性，使得他们的分类条件在互动过程中会发生改变。也许刚开始是以相同的品位而作为一个整体的受众，在接触到同一品位质感的商品陈列时，又会选择更适合自己的，也许是适合自己的个性，也许是适合自己的生活环境。那么在选择进入相应类型的产品信息页面时，其自身也就暂时脱离了开始的群体组织。而在其选择进入的分类页面中，与其他同样选择该类信息的人构成新的群体。这样的情况就要求在网络广告设计的信息分类设置中，着重于对受众的引导设计，信息的分类要考虑多方面的受众需要，不能过分强调信息对某一类受众的有用性，要充分考虑受众在互动过程中需求转移的可能性，这也是对受众需求从群体统一到个性特殊再到群体统一这一变化过程的把握。

三、广告的设计原则

1．互动性强

网络广告的交互性，使受众对信息的可选择性得到加强，信息的传达具有了发散式的点对点传播，让受众对所选择的信息有更深层的理解和记忆，比起传统广告形式来说，信息更容易被受众有效地接受和消化；另一方面，受众还具有了反馈信息的能力，无论是评价、意见与建议还是疑问，都能及时回传给信息发布者。（图3-9）这样的一个信息循环过程是信息发送与信息接收双方共同完成的一个完整的信息传播过程，也体现了广告在实现双方达成有效交流和共识中的意义和作用。因此，网络广告的交互性是其区别于其他媒体广告的最大特质。强调互动性的网络广告设计，使受众不再单纯接受信息面，是使其地位上升、与广告主平等对话、在传播过程中充分发挥主导作用的设计。（图3-10）

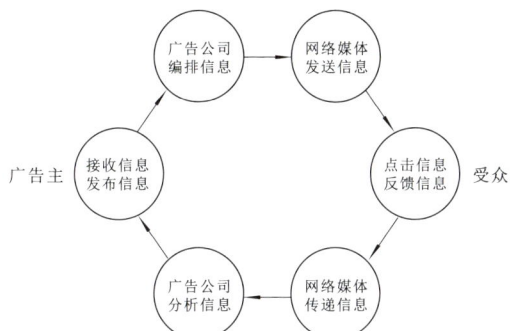
图3-9 交互性信息传播模式

图3-10 海尔芯变频滚筒洗衣机网站在官网推出了新年送大礼活动，从该页面点击参与则能直接进入此次活动的主题页面。该广告界面营造了"家"的洁净空间，在该页面，用户可在屋内搜索需洗涤的物品交由小芯，每清洗一次衣物则会获得相应积分回馈，用户可使用积分在购买时获得优惠。在整个互动过程中，用户不经意间也获得并体验了海尔新产品的特殊功能，相对于较直接的文字性阅读而言，这种方式更贴近受众生活，接受信息效果则事半功倍。同时，通过这条信息通道，客户对该产品的关注度及各类目标群体对该产品的不同需求也随互动形式及时反馈给了广告主，可谓一举两得。

2．精练简洁

充分发挥网络广告信息的层次性，分散广告信息的诉求点，避免信息拥挤造成的页面信息杂乱、主题信息模糊。首先提供简洁明快的画面呈现，包括了色彩运用的种类控制、构成形式对空间的分割、文字信息的繁与简；其次是主题信息的突出以及信息分类的条理性，让受众保持清晰的思路，满布页面、无序的信息会使受众丧失寻找目标的信心。精练简洁的网络广告设计，一方面在视觉上让受众保有新鲜感，使阅读信息的过程成为一种视觉享受的过程；另一方面在信息传播上，受众对信息的接收更为准确，避免了过多的干扰，更容易抓住主题。总的来说，突出的个性特色网络广告能在受众心中形成清晰的形象定位，使其更容易记忆。（图3-11、图3-12）

3．创建好感

能使受众从心理上得到认同、愿意主动接受的网络广告才能进一步发挥其他的功能与作用。网络广告设计应该从整体上博得好的第一印象，使受众主动关注并乐于接受。设计中关注的重点主要在于针对需求的情感触动。网络广告的表现形式以及处理手段的选择要以贴近受众生活为主，艺术表现不应该阻碍广告主要信息的传达，形式要服从于内容，让受众能充分理解并具有把握信息的信心；另外，形式的新颖程度直接关系到广告受注意的程度，让受众眼前一亮，能够唤起受众的好奇心与欲求。简洁突出的个性特点让受众容易记忆，统一完整的形象塑造让受众印象深刻。（图3-13、图3-14）

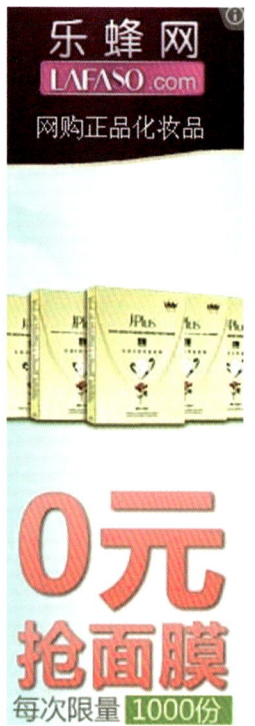

图3-11　　　　　　　图3-12

图3-13

4．赢得信任

使受众建立起对产品或企业的信心是网络广告的目标。信任感的建立能保证无论在信息沟通或产品消费中，消费者都能尽可能地接受来自该企业的信息和产品。企业获得受众的信赖，是企业形象及品牌成功树立的表现，为企业今后的宣传推广和销售开辟了道路，提升了企业与产品在市场以及大众心里的地位。要获取受众的信任，在网络广告设计中要注意，广告宣传要符合受众的整体水平，让他们容易理解，感受亲切。广告宣传不要一味夸大，广告信息要与实际情况相符。广告是大众了解企业及其产品的一个窗口，通过广告展示、推销企业和产品的强势优点，也通过广告维持已建立的企业与产品形象。网络广告设计要能够体现出企业信誉与产品质量以及售后服务的保障。（图3-15～图3-17）

网络广告设计要兼顾理性分析与多样可变动因素两个方面，树立理性随机的设计观念，以设计原则为指导进行网络广告创作，这是凸显和强化网络广告本身所具备的优势因素，特别是互动特性的发挥而总结出来的理论方法，是进行网络广告设计的理论基础。有了理论基础作为支撑，在实践中还要根据实际情况作出判断，设计创作中要寻求多样的形式变化，在实践中丰富网络广告的互动、创新。

图3-14

图3-15

图3-16

图3-17 画面清新，主题鲜明，图文有序，尤其是人物形象的亲和力，是网络广告赢得信任的必要条件。

思 考

1. 需求的共性与个性体现在哪些方面？

2. 受众分类群组的依据是什么？

3. 信息如何在完整的信息传播模式中实现循环？

实 践

主题：产品宣传广告

形式：网络广告的针对性设计

设计要求：

1. A4纸张展示所选网站网页截图（1幅整体页面截图、3～5幅局部截图），要求所节选画面能突出展现该网站属性和特点。

2. 网站宣传广告设计（210×285mm）一则或产品宣传广告一则（系列设计至少3则），要求突出网站主题与风格，产品广告则以突出其卖点为主，目标针对性强，具有明确引导性。

设计指导：任意选择一个主题网站，如婴儿用品、户外运动、医疗保健等专题网站，针对其对应的受众群体，用静态平面广告的表现形式设计一则网站宣传广告或产品宣传广告。

优秀网站、网络广告赏析

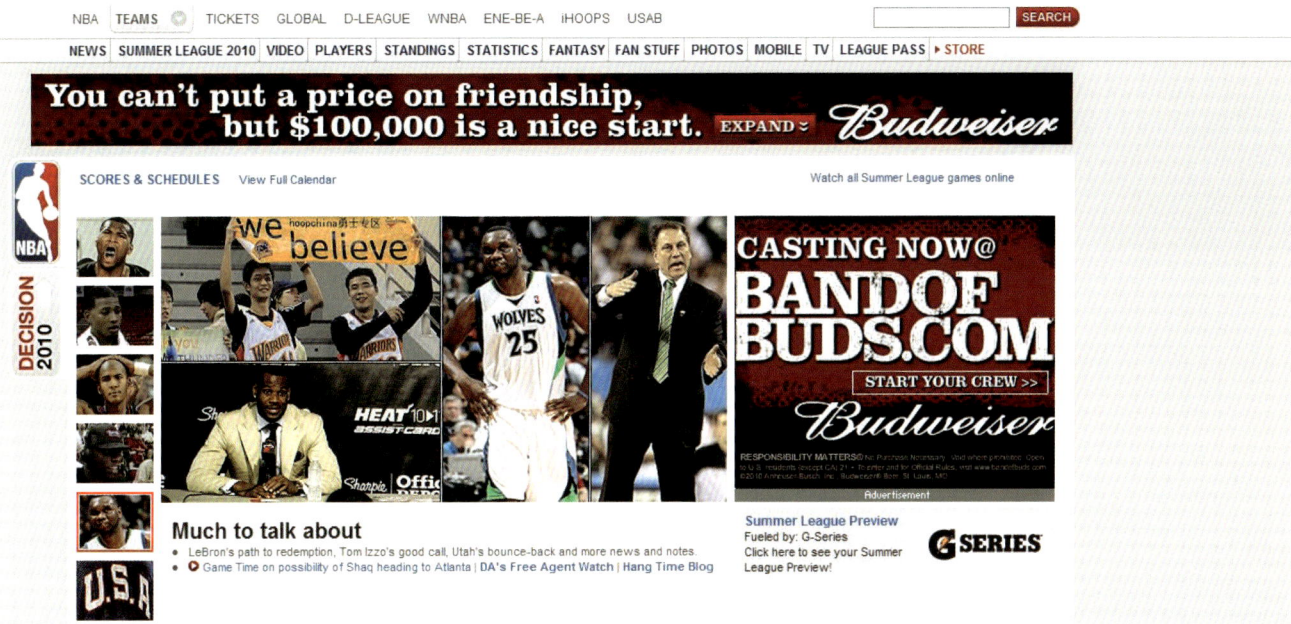

网络广告的时空延展性使它具有更大形式创新的可能性，网络广告设计要在视觉、听觉、心理等多方面使不同的受众获得丰富的体验，如这个NBA官方网站，它在视觉上就先给人一种紧张、热烈的篮球比赛的气息。

网络广告的诱导设计需要作富于情趣的图形创意，以吸引受众好奇心理，获取有意味的点击体验。如这则广告在视觉上就给人不断点击下去了解信息的欲望。

正确的诱导方式使受众在自觉自愿的情况下参与广告互动，是视觉、心理和行为等多个方面的互动。这则互动广告就很好地掌握着这一点，清新自然的色调，卡通的形象，具有空间感的活动细节展示，使网民迫切想加入此次奇妙旅程。

网络广告的设计元素，构成形式以及互动性都会呈现多样性视觉流程，以满足受众视觉的基本要求，吸引眼球，但多样性设计的目的是为传达统一的信息主题，如这则《润妍网络系列广告》。

精练简洁是网络广告的一个制胜法宝。提供简洁明快的画面呈现，包括色彩运用的种类控制、构成形式对空间的分割、文字信息的繁与简、主题信息的突出以及信息分类的条理性等，让受众保持一个清晰的思路，对广告的接受度非常重要。

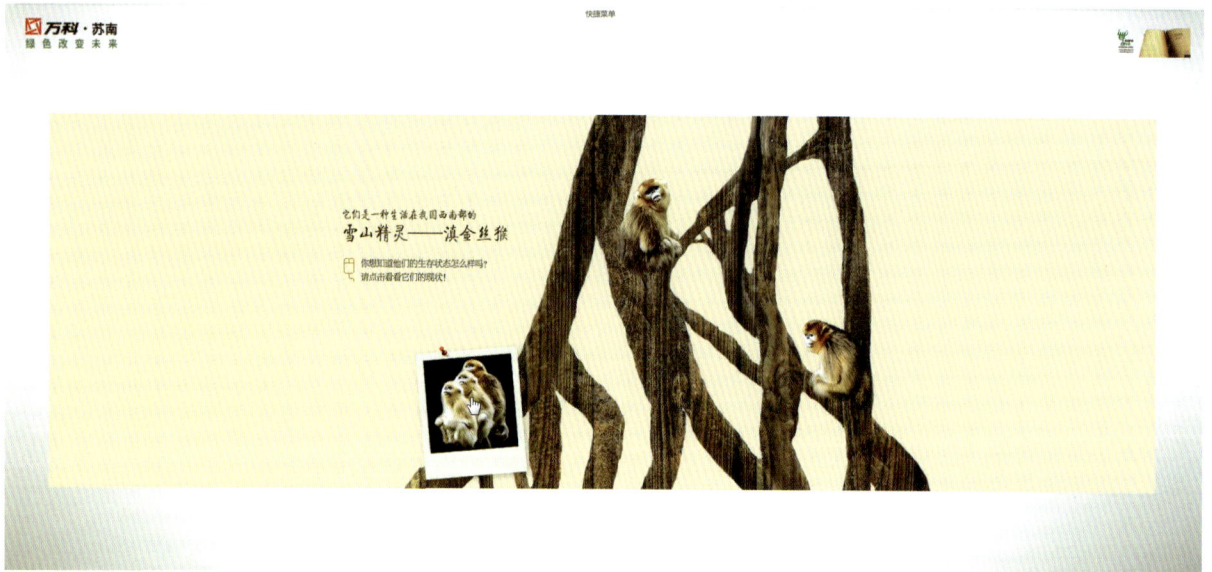

这一则公益主题的网络广告，充分发挥了精练，简洁的信息层次，不仅在视觉构成形式上简洁明了，而且对文字信息保持精练和富于趣味地提问，让受众在保持新鲜的观感的同时又保有清晰的思路，避免了过多的视觉干扰，最后很容易地接受信息的主题。

本章学时：4学时

学习内容：

1．网络信息的视觉元素

2．网络信息的视觉力场

3．网络信息的结构语言

关键词索引：网络信息、视觉元素、结构语言

网络广告的多样化，决定了传达信息所表现的视觉形象的丰富性，但无论是静态或动态的信息文字和图形图像，都是视觉形态变换与组合构成的结果。这方面与传统广告形式最大的区别在于，受众的参与会对视觉构成的信息产生影响。因此，应该把研究网络广告视觉信息的形态创造与构成的方式作为设计的第一步。在此基础之上，有机结合视觉信息的直觉思维与逻辑思维，才能有正确传达网络广告信息的可能性。

一、 信息的视觉要素

网络广告信息的视觉要素是直观的、可见的，是信息文字图形创造与图像生成的基础。在视觉传达中表现为文图形态的基本含义和形态存在的方式，以及自身与空间环境的关系。与传统广告不同的是，它整合了静态与动态两种形式。同时，网络的交互特性也使受众具备了参与的自由，在特定

情况下，其视觉形态会由于受众的"触发"而发生各种变化。因此，网络广告传达的信息所表现的视觉形态呈现出不稳定性的特点。需要我们全面地了解和认识广告信息的视觉因素，以及构成传达信息的视觉形式语言，开启视觉信息的设计思维，有效准确地传达广告的信息。

1． 信息的形态因素

网络广告的视觉形态因素，是传达信息所要具备的基础要素，体现出视觉形态的基本属性，它主要包括三个方面的内容。首先是形状，形状是指文字和物体或图形由外部的面或线条组合而呈现的外表信息，这种信息稳定而明确。在广告中（图4-1），静止状态的图形或图像，组合的方式处于稳定状态，因此形状呈现出的式样也是不变的：曲或直、开放或闭合、凹或凸、连贯或间断、具象或抽象、整体或局部，传达的信息是明确而一览无余的。这说明在一个静止画面中，一种形状呈现出一种视觉样式，传达的信息明确。

但在动态画面中，形状因素变得不确定。在 LEXUS汽车Flash广告中（图4—2），车体从单线勾勒到二维局部展示到三维整体展示的过程，充分体现了动态广告画面带来的视觉震撼，画面主体通过这种渐进的表现手法逐步从暗调背景中凸显出来，更强化了产品的神秘高贵感。

形状因素除了自身信息的主动变化外，还会由于客观原因而发生改变。在互动网络广告中，用户的点击行为或鼠标的拖移都可能会使形状的稳定性受到破坏，从而改变原来的样貌，成为新的形状，传达新的信息。当这个过程结束便恢复到最初的形状。在某糖果主题网站主页上（图4—3），子页面的链接设计为糖果色的圆形阵列图，两幅截图分别是原始状态画面与互动过程中的画面状态，当鼠标指向圆形图案时，形状从圆形变为产品Logo的花朵形象，移开鼠标后又恢复到原来的状态。很明显，对象的形状需要在被触发时才会发生改变。因此，网络广告形状因素的不确定性包含主动与被动两个方面。

第二是色彩因素，包含色相、明度和彩度的要素。网络广告中形态的色彩因素是

图4—1

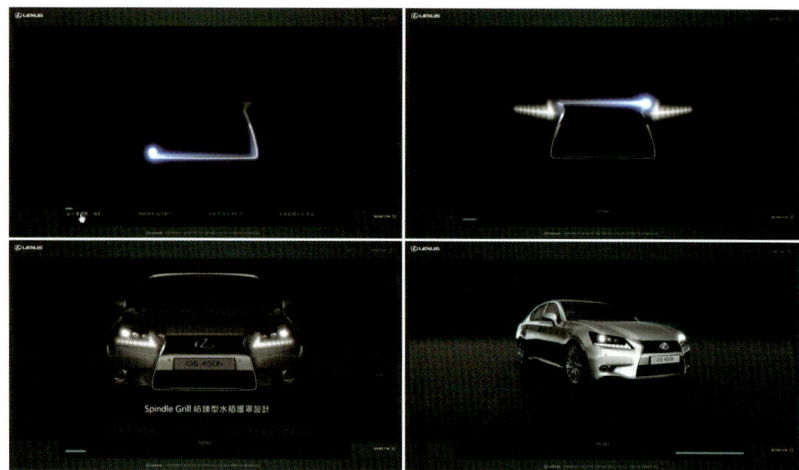

图4—2

图4—3

否稳定，取决于它们当下所处的状态。与形状因素相同，在变动的状态中，色彩因素的基本属性不确定。在一定范围内有可能出现三种属性都处于变动状态，这时变动范围的大小影响画面的色彩基调。（图4-6）这则化妆品的网络广告，其整体色彩基调没有发生大的变化，从始至终都以蓝紫色基调为固定背景，但主体产品形象与字体由于处于变动状态，因此在色相、明度与彩度上都出现了不同程度的变化，起到了强调不同主体的作用，引领观众的注意点转移。但在同一主题下的链接页面，则会根据当下页面主题确定整体色彩基调。因此，色彩因素的变动空间比单页形式的更为宽泛。

第三是肌理因素。肌理是由广告画面的造型行为造成的表面效果，是在视觉、触觉中加入某些想象的心理感受。由于网络媒介的特殊性，决定了网络广告形式是以视觉为主的广告形式，因此网络广告的肌理因素也是视觉肌理的范畴。也就是说受众需要依靠视觉觉察而不能直接触知，这就要求肌理的设计更强调视觉的心理，无论是偶然形态、规则的几何形态还是自然的有机形态，其造型的特点直接影响观者的视觉感受。

在某设计机构网站的宣传广告中（图4-4），主要以几何形的重复来构成肌理，通过视线的变化，形成不同角度的画面空间感；护肤产品广告（图4-5）使用了表面材质不同的两种肌理形成对比，呈现粗糙与光滑的肌肤质感。形式、光影、触感都是影响肌理视觉效果的因素（第五章有详细分析），不同的肌理组织造成的视觉肌理感也不同。

图4-4

图4-5

图4-6

2．条件因素

网络广告的视觉条件因素包含五个方面的内容，即数量、方位、动静、光线以及动画。这五个方面成为网络广告构形的基础，其中前四个方面包含着形态的组成规律，而动画决定着形式的风格。有了这些规律作为依据，才能创造出理想的形态。数量主要包括个数、根数，点的大小，线的长度和粗度，面的广度，体的体积。方位包括了垂直、水平、倾斜、形的整体方向性以及位置。动画的形式不仅在于形本身，还包括形式构成所呈现的视觉效果。在网络广告中，根据广告形式的不同，其呈现的动画形式视觉感受也是不同的。在静态画面中，形的选择与构成方式不同，产生的运动效果也不同，而在动画画面中，运动感主要来自于形态本身的变化。光线主要涉及明暗、透射、反射、光源。

以上所有因素都不是孤立存在的，其性质的确定需要依靠形与形的关系，是多是少、是大还是小、是垂直还是平行、是动还是静、是明还是暗，都借助相互之间的比较而言，不是绝对的。对于处在运动变化中的形，形之间的关系也在不断变化，因此整体画面在不同的阶段会呈现出不同的式样。另外，互动形式的网络广告，其视觉条件因素会受到客观影响，形的运动状态、大小以及光线效果在互动过程中都会发生相应的变化。以某地产项目网络广告为例（图4-7），画面被分割为不规则的几何形区域，广告主体形象及文字的出现与退出方式整体呈现出多棱镜的视觉效果，能代表本土地域形象的图像被画面分割，出现在不同形状块面中时其大小、明暗度都各不相同，在移动过程中折射出斑斓的效果，而最终这些形状碎片汇聚而成为完整的主体形象，色彩饱和度及明度都达到最高，与之前的分散形态形成虚实的对比。

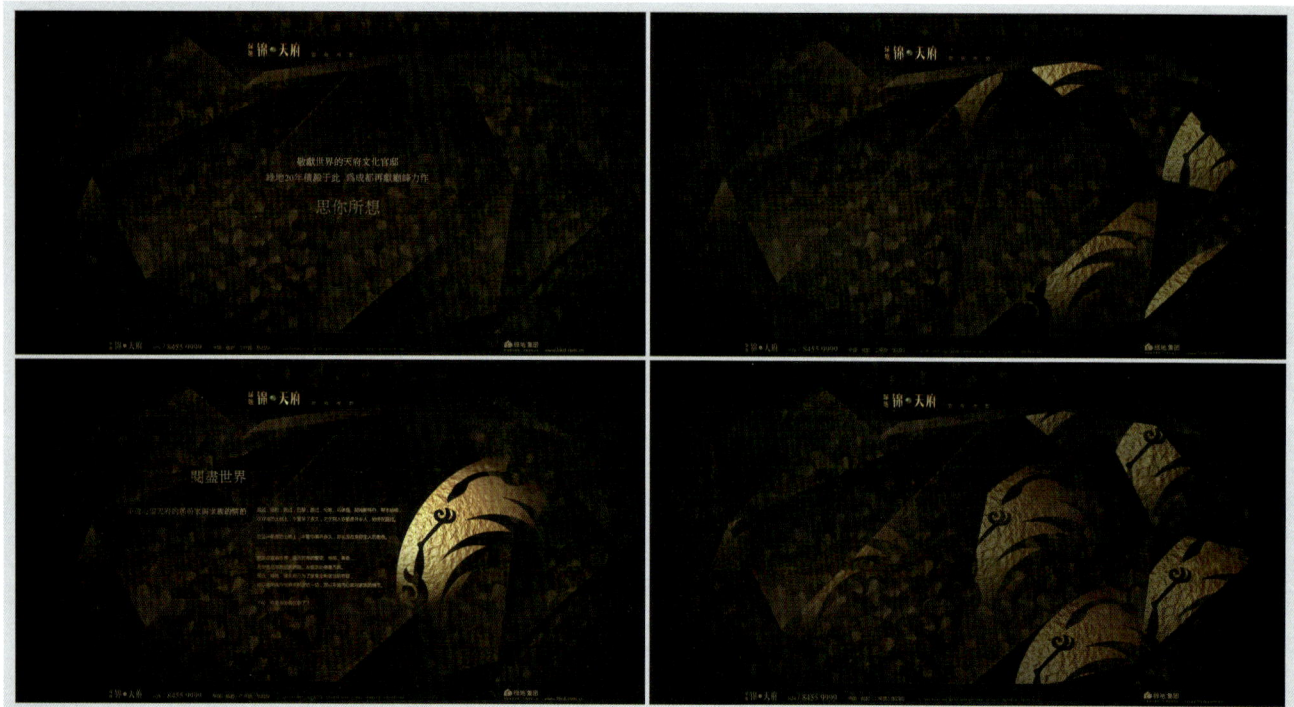

图4-7

3．空间因素

网络广告视觉空间的形成，是在一个平面上建立起来的三维虚拟的空间感受。点、线、面、体以及运动、时间和空虚都是空间的限定因素，点、线、面、体作为可见的实体，容易被人们认识到，而运动、时间和空虚的形态只是传递实体之间的相互关系。表现视觉张力的变化，是在不知不觉中被人感受的。因此，不同的实体关系构成的空虚形态不同，呈现的整体视觉空间感也不同。与我们生活中显示的空间所不同的是，网络广告的空间构成引导的不是人的方位移动，而是人的视线。这则快餐连锁Flash广告中（图4-8），餐厅里的人物组群对空间进行了自然的区域分割，镜头式的移动，使视觉空间处在不断更替的过程，实际就是流动性的视觉空间，引导视线停留或有目的地移动。同时，视觉空间的形式与人的心理知觉联系紧密，空间感的形成就是人们对形态所具有的"势"的感受。网络广告的视觉空间感知，就来自于人们对"运动"的形态、结构、变化的画面视觉关系的感知。广告中由人物构成的区域划分诱导受众深入了解，由远及近的运动路线使二维展现的空间层次丰富起来。

图4-8

二、视觉力场

1．形态知觉

观察对象的知觉是对象本身与观察者相互作用的结果，我们通过知觉来确定和分析视觉对象当前的状态，从而作出判断。知觉包括了对事物大小、形状、远近、方位、运动过程的先后、长短的延续、空间中的位置移动。我们之所以判断形为某种状态，是以其知觉的性质为依据的。比如形的完整、稳定、集中与否，决定其在知觉中是作为图形还是成为背景。但知觉的变化也不仅仅来自被观察对象的改变所带来的刺激，我们自身也会随期待的改变或注意的转移而使知觉发生变化，比如，一些互为图底关系的形。联邦快递的网络广告（图4-9），将时间分秒的运转与快递的运输过程相结合，画面是一个不停在走动的由货物组成的时间，货物从左往右被传递着。在此过程中，我们的注意力跟随运动频率较高的传递动作从左至右移动，直到看到最后对数字的拼装，才会将注意力扩大到整体画面，知觉到计时器在读秒，最后才是将信息串联起来，获得整体认识，即联邦快递高效、准时、无误的工作效率。在网络广告中，形态的存在不只是客观反映，更重要的是引导与调动人们的思维与直觉，在交流活动中获得整体感受。

2．画面的交流场性

我们将网络广告本身看作是一个交流的场所，从视觉沟通到情感交流，其画面的形式是我们把握的重点，其中就包括了形态外部的空间和运动的结构。我们对事物整体形式的把握在于捕捉其组成部分的基本模式，特别是组成的力的式样。对于用多个层次页面来传达主题的网络广告来说，既要统一主题风格又要寻求细节变化。从画面构成的角度讲，在保持基本动势与组合关系的前提下，组成部分的变化也不会影响我们对力象的把握，也使得这种力感可以延续和贯穿始末。另外，在画面的空间构建上，画面的流动是具有层次性的，主体形态单纯、集中、有效地引导视线；从运动视觉的关系来看，移动目标的运动速度不同，视觉效果也不同。总之，无论静态或动态的画面，其形态创造与组织构成要充分考虑到受众的生理及心理因素，才能最大限度地从视觉的层面达成交流。（图4-10、图4-11）

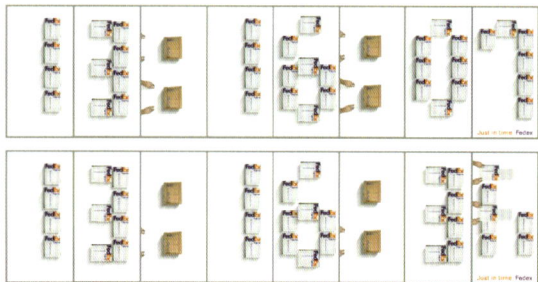
图4-9

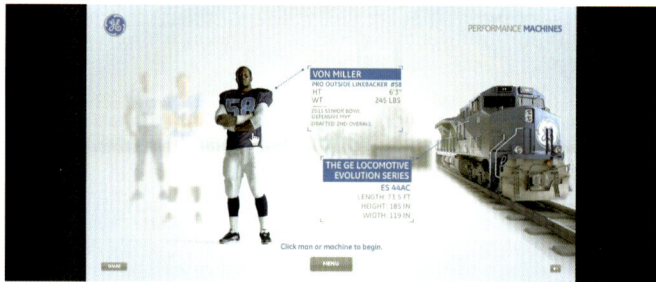
图4-10

图4-11

网络广告的视觉形态本身具备了丰富的运动变化特点，作为构成网络广告交互形式的基础元素，为发挥网络广告交互特性做好了充足的准备。此外更取决于对元素的组织建构，才能使各部分串联起来，使交互优势最大限度地发挥，形态也要按照一定的组合规律和法则，才能构成美的形式。我们对美的感受不能依靠单个形态，而是对形态以及组织关系的总体把握。网络广告的视觉交互特性，除了其形态本身，还包括了形态的组织结构。（图4—12、图4—13）

三、结构语言

网络广告除了视觉可见的构成要素外，还包括了非物质性的因素。这些因素虽不能直接依靠视觉获取，但它们赋予了视觉形态"意义"，并使之在网络广告的特殊链接结构中得以延续。如果说视觉形态是网络广告的内容填充，那么以下所说的就是它的结构支撑，它们作为"链条"在互动形式中起作用。

1."意义"的连续诱导

人类的视知觉是富有弹性的。举几个简单的例子：对于熟识的人，即便是他（她）变换发型或穿不同的衣服，甚至只看背影，也能将其从人群中分辨出来。我们对抽象对象的感知，虽然无法依赖抽象的原形，但总能从某个部分找出线索与原形相联系，这种联系并不局限于具体的形式因素，一种气势、一种神情或是一种节奏规律都会成为可能。户外装备广告的分页面（图4—16），其画面构图都采用了黄金分割的形式，是主页中山脉与海平面组合结构的延伸表现，为展示装备的不同功能性，配以相应的环境图。网络广告的互动

图4—12

图4—13

形式，特别是多层次链接的设置，就需要这样一种连续性的引导，使不同的链接成为一体，信息的整体传达不受多层次结构的分割影响。相反，在视觉诱导作用下的视觉形式保持着某种同一性或类似性，在传递出不同信息的同时保证主题的信息完整性，我们可以将此看作是对主题的升华发展并给人们提供新的启迪。（图4-14、图4-15）

2．情感的运动

网络广告的交流互动形式，其实现的可能性就建立在情感沟通的基础上，是通过作品与参与者情感对话的结果。作品的视觉式样向我们传递出的"力象"，让我们感知其情感表现性，这是诱发情感因素的重要条件。在网络广告的视觉构成中，视觉式样不是总保持某个固定的模式，情感因素也在起伏、变化。这其中既包括了变化的视觉式样对情感的主动唤起，还有受众的主动参与形成的情感整合。因此，情感因素不应该是单一的、平淡的，是处在运动中的情感。对于网络广告的结构层次来说，不同的层次都应该有各自的层次主题，不同的层次主题诱发不同的情感因素，充分表现情感的丰富性、层层深入的递进性，从而最后使受众获得对主题的总体情感把握。（图4-17、图4-18）

图4-14

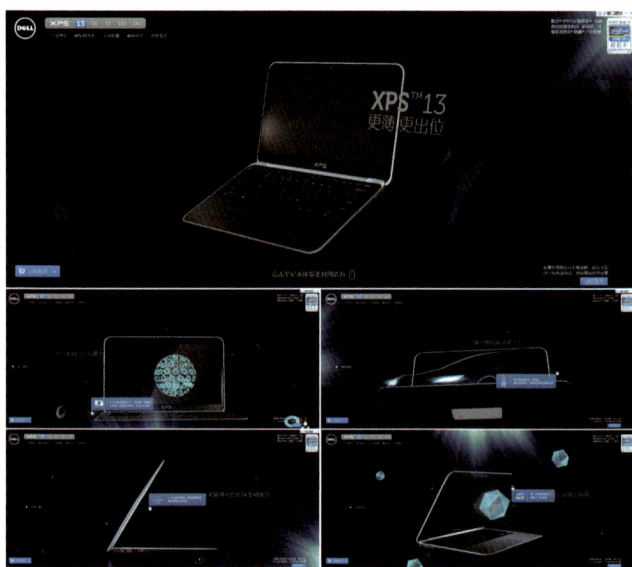

图4-15

图4-16

图4—17 视觉式样不是总保持某个固定的模式，情感因素也在起伏、变化。这其中既包括了变化的视觉式样对情感的主动唤起，又有受众的主动参与形成的情感整合。

图4—18 对于网络广告的结构层次来说，不同的层次都应该有各自的层次主题，不同的层次主题诱发不同的情感因素，充分表现情感的丰富性，层层深入的递进性，从而使受众获得对主题的总体情感把握。

思 考

1. 网络广告中信息元素存在的变动性是指什么？

2. 网络广告用视听元素完成信息传达和交流，其中情感交流是如何达成的？

3. 受众与网络广告的互动过程中，知觉的变化受哪些因素影响？

实 践

主题：网络广告的情感性设计

形式：商品宣传广告

设计要求：以三个情感特征为主线，分别设计一幅产品宣传广告，每一则广告都各自凸显产品某一方面的特征属性。三则广告应组合为一条系列广告，风格与主题要具有延续性与连贯性，整体意义完整，情感诉说合情理，具有感染力。

设计指导：选择一款产品作为设计对象，归纳至少三个或三个以上属性特征作为情感设计的主题。以可口可乐为例，将夏日清凉、激情洋溢、大家共分享作为三个表现产品能量的点，相应转化为冰爽舒心、热情奔放、其乐融融的情感表现，以情绪感染与气氛烘托来表达主题的信息点。

广告倾诉主题

不同的图片，揭示相同的主题。此系列广告的成功点在于它能使产品在受众的印象中得到不断的强化，又不会使受众产生枯燥、厌倦感。这则广告用美好的创意使观者产生愉悦的情感，拉近了产品与潜在用户的距离。

广告主题强化

对于用多个层次页面来传达主题的网络广告来说，既要统一主题风格又要寻求细节变化，从画面构成的角度讲，在保持基本动势与组合关系的前提下，组成部分的变化不会影响我们对力象的把握，使得这种力感可以延续和贯穿始末。

第五章 网络广告的创意主题

本章学时：4学时

学习内容：

1．创意的概念

2．网络广告主题设定

3．创意的视觉化

4．创意的设计观念

关键词索引：创意概念、主题设定、创意视觉化、设计观念

一、创意的概念

1．创意的含义

网络广告的"创意"，与其他不同类型的广告一样是共通的。创意是人的语言思维与视觉思维的创意活动。而广告的本意是推广，即推而广之，具有现代社会的信息推广与传播的根本属性和视觉形象设计的根本特点，也就是从语言思维的概念到视觉形象演绎的广告设计方式。因此，广告创意设计的基本方法和策略，可以从语言概念的创意推导到广告视觉图形创意联系的设计过程来理解和实施。如本章后案例，中央美术学院和四川美术学院学生的自我推广与公益广告、商业广告专题作业。

2．创意的作用

目前，中国的网络广告已进入一个相对成熟的时期。广告业的成长没有像西方国家那样经历20世纪50年代的主题广告时代、60年代的告知表现时代、70年代的定位广告时代、80年代的形象广告时代、90年代的境界广告时代等一系列市场与消费者逐渐成熟的阶段。就后现代广告时代的议论来说，它的属性是不连续性、非确定性、内在性。但对于大众

文化消费的广告来说，决定广告有效性的是广告创意。当消费者处于怎么才能以最少的价格购买到最多功能化商品时，就想以松散的广告主题、断裂的层次表现、非逻辑的广告文和无意义的视觉符号去推销产品是不可能的。就像著名的脑白金，如果没有"今年过节不收礼，收礼只收脑白金"的广告语，是不可能大掏老百姓腰包的。

3．创意的特征

针对性

广告创意是为实现单位或个人目标而施行的视觉传播计谋和策略理念，其中图形的意义对目标有决定作用。首先要明确"想对哪些人做创意"，有针对性的特定市场定位和目标理念，才能决定创意的内容、形式、媒体、时机等因素。针对性要求：诉求简洁单纯，易读易记，便于商业传播。

商业性

一般情况下受众接受广告有五个阶段，即感知、兴趣、试用、评价和接受。现代社会大多数广告都具有商业化动机。因此，以市场为目标，以受众为对象，以推广为目的，是网络广告设计成功与否的商业标准。

4．创意的原则

主题与风格

成功的广告创意设计，主题与形式风格的发挥起着重要作用。创意的本质由"改变"产生新的认知和人文情感上的联想，帮助受众确定同一事物系列中的差异性，建立新品牌的意识。但设计绝不是单纯的识别符号，而是以引人注意、强化视觉印象、深化记忆、使受众产生接受的欲望为特征的一种特殊"符号"信息。因此，创意的构思必须有主题要求与形式风格的统一性，以特定的诉求主题为核心，通过色彩、形状、线条等基本造型要素凸显或强化创意内容，才能创造一个受人关注的广告新形象。（图5-1、图5-2）

突出个性

从广告的传播目的与设计表现的艺术角度看，"突出个性"显然是很矛盾的。传播要使更多人群接受，而艺术赏析却受人们文化知识程度的限制。但是，从社会性及市场营销角度看，"突出个性"是非常重要的。新事物的社会持久性及强势品牌在市场中的合法保护，很大程度上依靠视觉强势识别、形象个性特征以及富有趣味的图形形式。无论是定位、立意以及表现手法上都应与同类避免雷同，强调原创的独特风格、标新立异，在追求个性化的同时考虑受众的接受程度。设计是在有限的认知领域内创造无限丰富的意义，个性是在共性中产生，而创新则是在兼顾共性的基础上完成的。（图5-3）

视觉冲击力

视觉冲击，就是使创意语言"醒目""突出""抢眼"。视觉创意的色彩和构图力求简洁、单纯、突出重点和主体形象，在创意的概念转化为可视的形象时，以

图5-1 该系列汽车广告硬照，通过车外大视野、车内掌控性以及汽车"心脏"——发动机的渐次说明，突出了该款车型带给受众非一般的驾驶体验。

图5-2

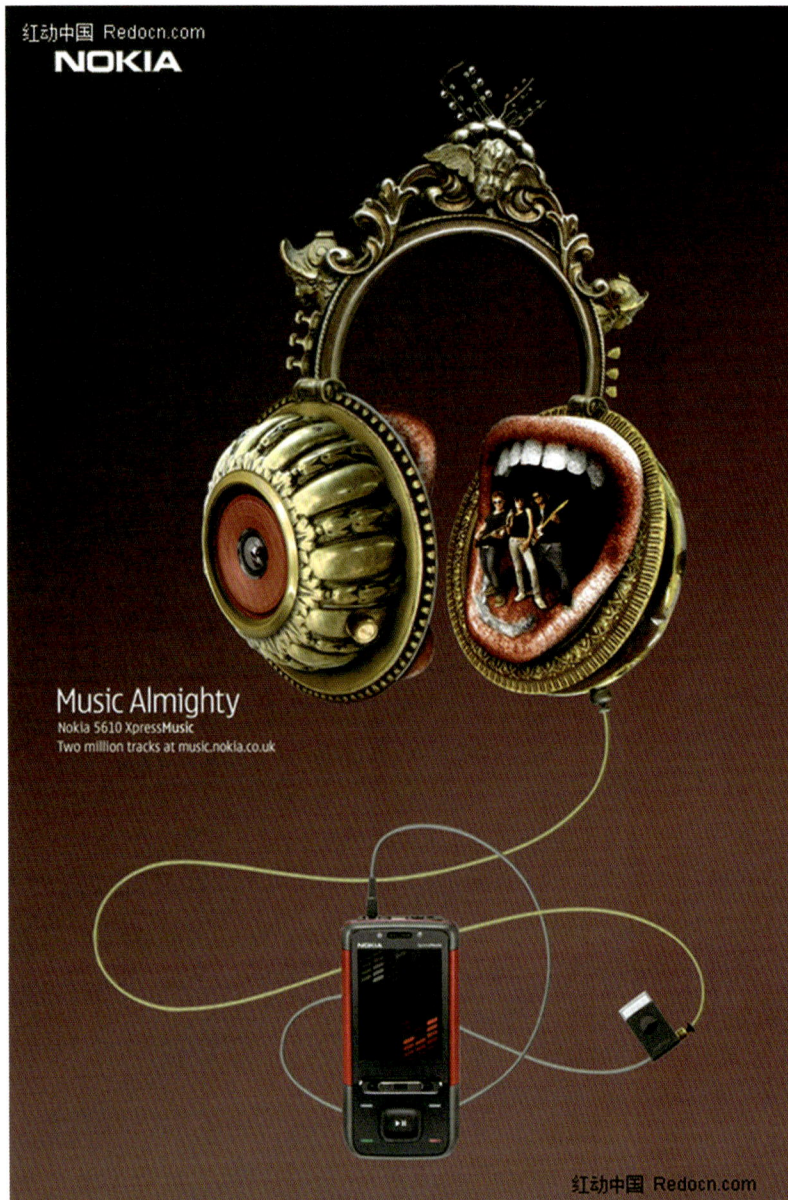

图5-3 本产品在普遍性中提炼出地域性差异，并继承发扬产品本身的品质诉求，以达到共性和个性的统一。

创意的区别性、竞争性，创造一个易于识别而独具一格的典型形象。视觉冲击与艺术构思分不开，它不是概念上形式的推论，而是由形象本身的发展而决定。（图5-4）

二、网络广告主题设定

1. 主题的类型

网络广告作为一种视觉传达设计的形式，在现代商业社会中受到人们广泛的关注和重视。广告是一种说服的艺术，一种促进销售的手段，它通过有效媒体形式，准确、迅速地将信息传达给目标消费者，以取得对产品、劳务信息的传播。网络广告图形的创意是遵循广告宣传的宗旨实施的，要想获得预期的效果，最重要的一点，就是选择与媒体相适应的对象图形，而图形作为网络广告的主要传播元素，对广告的效果起着重要作用。于是，视觉图形是人们传播知识的主要信息载体，有着超越时空、超越文化的传播特点，在各种传播模式中，越来越引起人们的兴趣和关注。特别是在欧、美、日等一些发达国家，图形在网络广告领域的运用是极其广泛的。目前，国外的网络广告在网络媒体中占有很大比重，传播的信息80%以上来自图形设计，其主题定位大致可分为四种类型。

（1）品牌形象展示型。即硬性推销型，多以摄影的表现方法，展示广告的产品特征，使人对宣传的产品有一个相对直观的了解。（图5-5）

（2）产品的应用型。产品的形象与使用该产品的场景气氛相结合，以图形的方式展示产品给人们生活带来的利益和好处。（图5-6）

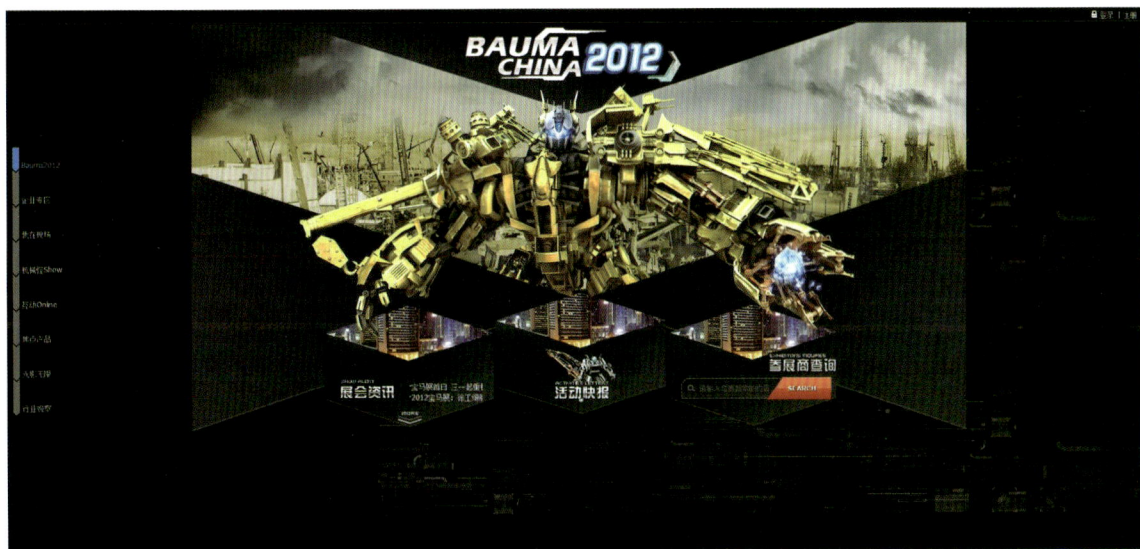

图5-4 简单直白地突出品牌，使受众一目了然。

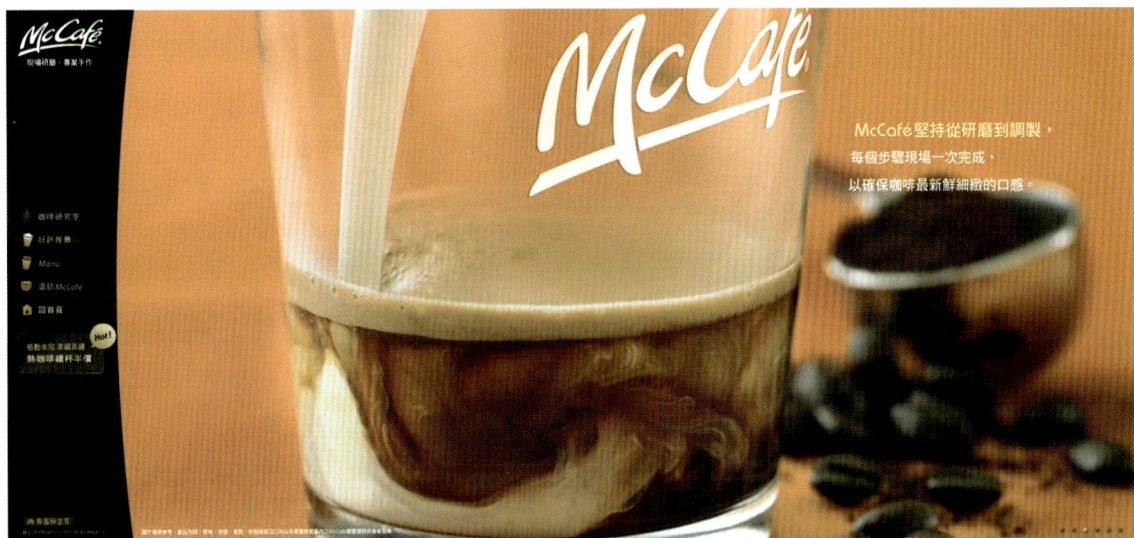

图5-5

（3）产品的功能型。进一步柔化广告的商品性，有意识地削弱产品本身信息，重点表现生活的情趣、生活的方式、生活的情感和生活的期望，力求以情动人，在激发人们情感因素的同时，进行软性的商品推销。图5-7是招贴广告，设计者采用装饰性的设计手法，使广告的装饰性和商品的品位相互协调、相得益彰，给人以视觉的美感和审美的情趣，使人能够透过广告体验商品的艺术品位。

（4）品牌创意型。广告理念的表述是通过特定图形来传达设计者的心理愿望和设计理念。通常，设计的广告创意图形大多采用象征性的表现手法，用具体的造型表达深刻的精神和意念，设计图形具有象征性的创意符号和色彩。（图5-8）

2．主题的创意原理

网络广告的创意行为常常针对特定的主题概念进行思考，而这种思考首先表现三种方式：形象思考、概念思考、关系思考。关系是指形象各部分之间及此概念与彼概念之间，所存在的相同、相近的关系；它把各种形象与概念联系起来，使我们思路开阔敏捷，使其形象丰富而又新奇。以此为起点，思考很容易进入分析与综合、推理与判断、比喻与

图5-6

图5-7

图5-8

象征，更容易进行形象重组、改进和创新。这种以事物间关系为联系纽带而进行形象和概念思考的过程和方法就是概念的"推广"与"演绎"，就是通常所说的联想创意。

主题概念的思维常性

在人们的思维活动中，大脑功能是不同的。很多联想通过左脑演绎经验形象，在不知觉和自然中进行；也有很多联想是通过右脑运用语言有意识、有计划地开展的。当人们需要突破思维习惯，开创新天地时，如果用概念联想概念，再把概念转化成形象，就比单纯的形象联想更胜一筹。人出生不久就已接受以语言和文字为主的概念教育直至高中毕业，其能力已经很强；即使是青少年，只要引导得当，都能进行很系统与很复杂的概念联想，进而推广他们的形象联想。语言思维是另一个重要的思维形式，因此国际上广告公司做创意，通常都应用语言和图形并行创意的方式，只是后者更具有视觉的国际广泛传播作用。

主题概念的联想创意

事物的概念，主要指人们对事物意义的认识及其语言和文字表达。人们对事物意义的认识，与认识的对象、过程、方法有密切的关系；还与认识的结果、表达结果的符号，以及人们对事情的理解等息息相关。这样一来，认识的主体对象、过程方法与结果、表达与理解都成了人们对事物意义的认识要素，同时也成了认识意义的文字符号的概念的构成要素。那么，概念联想就可以从这些要素开始，由此到彼、由主体到对象、由过程到方法到结果、由局部到整体、由有机物到无机物，再到其他更深、更远和更复杂的概念。由此可见，概念联想中蕴藏着一个无限的世界。

3．主题概念的创意演绎

创意概念的联想，是语言思维的创意基础方法。联想方法本身是很丰富的，概念联想只是其中的一种，除此之外还有同一、近似、对称、始终、因果、比喻、象征、会意、幽默、浪漫、指定事物等方式。

主题概念的创意，是应用概念联想的方法，对概念主题作推演意义以作创意之用，其步骤如下：

第一步是确定概念命题，即创意的主题（针对性），以它为起点去联想。推演意义，就是推演不同的文化意义。

第二步以命题为对象，进行可能的系统、深入、广泛的设问，即是什么。将设问的问题或对象进行概括比喻成为事

物，如比喻成多个互不可概括和代替的事物概念。

第三步把命题和对它概括比喻成为事物，进行尽可能形象归结的设问。即什么样，对设问的问题或者对象进行象征性的联想成为事物，如象征成多个互相不可以概括和替代的事物概念。

第四步把二三步的联想概念与命题结合起来，进行尽可能形象归结的设问。即怎么办，然后努力对每一个命题作出互相不可以概括和替代的答案。

第五步用富于文化意义的概念，结合以上联想的答案作为第三阶段的联想设问，并概括为简洁的推广文案和推广语。也可形成新的概念命题，以这样的顺序与方法继续完成多阶段的联想，或者再进行反命题的联想并展开。（如本章后案例四川美院学生"关注农民"的公益广告）

三、创意的视觉化

1．视觉创意的格式塔原理

"格式塔"在德语中常被译作"形状""形式"或称"整体性的形"，这是格式塔心理学研究的出发点。19世纪末始创于奥地利等国家的格式塔心理学，影响到整个心理学领域，并渗透到视觉艺术的图形设计中。

格式塔心理学的理论前提是"心物同形"或称"异质同构"。它所研究的形具有特殊性，强调艺术知觉的对象必须是一个具有明确情感表现力的整体意象，即我们看到的各种事物间的互相关联性。

2．创意的视觉构形

网络广告的创意，常常是由一个视觉图形与两到三个不同意义和性质的图形重新组合成为一个同构的共形，其构形组合的方式：

（1）形态的合拢性：在造型活动中，由不完整的线条或形状所构成的形态，看似更具完整性。如中国书法笔断气连、笔不到意到，就是格式塔原理中的"合拢"概念。

（2）图形的连续性：是人们处理各种信息的基础。人的视觉往往走阻力最小的途径，即最表层形态与信息能最快地传递到人的视线中，然后视觉才会逐渐由表及里进一步地认识更深的形态。

（3）图形的相似性：形状、色彩、大小等相似的视觉元素，重新组合在一起，产生新的形态被称为格式塔的相似性。它类似平面构成中的近似形。

（4）图形的共同归结：指在图形设计中各视觉元素的变化、运动组合与分类。凡是功能、运动或变化相一致的视觉元素往往易于被组合在一起，换言之，由于运动和变化使得视觉元素要进行重新组合。归根结底，反映出运动或变化对视觉形象形成的重要性。

（5）图形的接近性：图形的"接近性"属格式塔概念。中国有句老话叫"三人为众"，三个以上的人组合在一起才能称作"多"与"众"。

3．创意的构成方法

网络广告的创意设计中只有两个或多个视觉元素综合在一起，被看成一组、一种图形或一个整体的可能性才越大。有幽默感的图像，人物与环境的反常态组合、人物与其他视觉元素的反常态结合，往往导致画面的奇异特征。

重组同构

重组同构或称综合同构，指的是在图形构思中以系统的综合方法来构成新的视觉效果和新的形象。形与形之间相互重合，或以点、线、面间的共用形来沟通现实和幻想，给人以真假虚实的奇特映象。这种组合再生的方法实际是先对各类不同事物的分割再进行有机的重组构成。（图5-9）

图形的重组同构，要使简单的图形产生新的趣味，并表达出含有双重或多重意义的内容，不断从旧主题中发掘出新概念，以创造出客观世界中不同的奇异形象。

适形造型

适形造型的表现方法通过色彩、肌理、点、线、面、立体的变化和平面空间的限定，综合各类关系要素，如材料、技术、构造、功能等，使各适形图案成为人们精神中的视觉图像。具象的形也明显存在着抽象关系的构成与限定，抽象形的关系同样可以看到丰富的具体形象。（图5-11）

一形多义

一形多义表现形式通过形的共生、渐变组合和信息的交合而相互沟通、相互转换、相互演化与繁衍。图形中主客观世界相互映射，同异关系相互对应，一切虚实相修整，有无相生，给人无限想象的空间。其中形的相似性是"一形多义"的核心，图形的自然演化和共生使其结构严谨和富于情趣。（图5-10）

图5-9 通过对产品内在符号"山茶花"的模拟及重组构图，传达高雅奢华的商品信息。

异态共生

共生图形的视觉传达中，有一种独特的构形语言。它利用共用形和共用线以及共用空间等设计要素，巧妙组合，相互依存，相互制约。物象间利用它们的相似性，互借互生，融入对方形态结构中，使其成为对方的一部分，形成多形组合的有机体。有些图形利用了空间形式和基调形式之间注意力的转换或摆动，即"正形"与"负形"。而共用形无论是全部共用，还是局部共用或以线来共用，都是现实通往想象的桥梁。（图5-12）

超越法则

现代广告业中的设计者大都在自己创造的经验世界里，对大千世界形成一些固有的认识模式，对物象的认识也日趋程式化。因此，必须学习打破常规，运用新奇、独特的表现手法去创造图形。因冒险而产生刺激，因奇异而有效地传达出广告的视觉信息，就是超越法则的设计互动因素。（图5-13、图5-14）

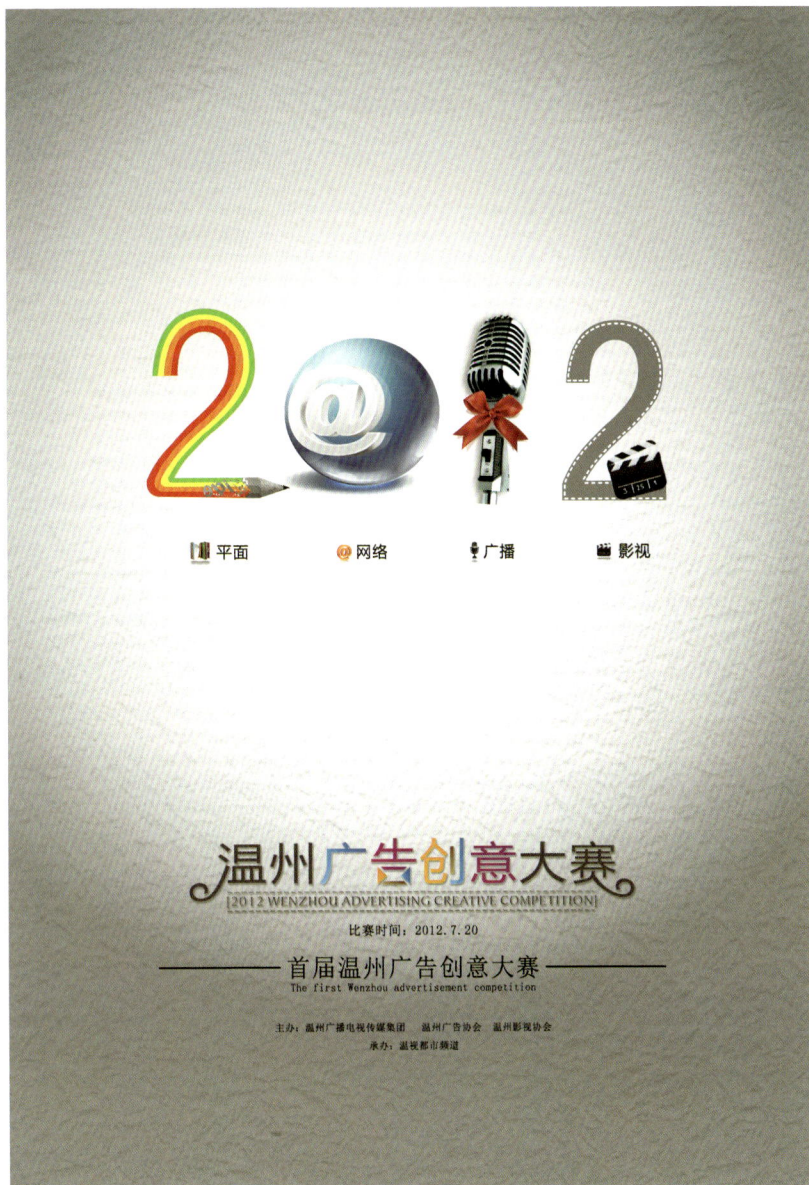

图5-10

图5-11

四、创意的设计观念

在网络广告创意设计实践中，根据设计的体验和运用互动网络技术的经验，深入思考与创意设计相关的问题，找到视觉创意设计的切入点，是搞好网络广告设计的关键。

1．趣味的创造

趣味是心理上产生的一种热情和欲望。人们在对自然形象的观察过程中，总会出现许多兴趣点，这种有趣的热点转化为一种心理上的能量，激发起人们精神上的快感和设计上的审美情趣，以有趣的创作形式，使人得到心理上的满足和愉悦。

网络广告设计中创造"趣味"有两种方式：

一是从自然现象中发现有幽默感的趣味中心，并通过想象将之意象传达出，通过具有情趣感的形式来表现。有趣的中心在视觉的流动和心理的遐想中，创造出丰富的形式韵律和审美意境，构成意味深长的视觉趣味。（图5—15）

二是打破自然空间的限定，在网络互动操作的人为的组合中，创造设计的趣味点。心理学研究告诉我们：如果人们改变了正常的空间结构和视觉习惯，心理上就会产生新奇感，就能够引起人们的注意。值得一提的是，这种"注意"来

图5—12

图5—13

图5—14

自视觉的文化心理，而不是来自网络的操作技术。（图5-16）

2．传统艺术的借鉴

传统艺术流传至今，是由于它具有优秀的艺术品格和文化属性。好的作品经过时代洗礼，使人过目不忘，是因为其本身在某种程度上已达到了视觉上和艺术上的完善。那么，从这些作品中汲取营养，也是一个改善自我、引发创意的良好途径。这种借鉴途径有两个必须具备的条件：

一是对传统艺术必须有深刻的认识和理解，能够透过作品的表象，发掘出深层的文化意境和艺术内涵，从中提炼出有创意价值的素材。

二是要有完备的艺术素养和创作能力，自觉地把自我意识同传统艺术聚集、碰撞，激发出创意灵感。二者缺一不可。

从传统艺术中提取有用的视觉元素进行二次设计，可以使图形从内容和形式上具有新意。另一方面又可以使图形借助于传统艺术的文化价值，显得更具文化底蕴和艺术上的厚重感。如一些广告图形中，有人利用凡·高的艺术作品《向日葵》，表达商品的艺术品位；或将米罗作品中跳跃的色块和充满童趣的形式特点，融入包装图形设计之中，给人以艺术趣味上的联想；还有的图形设计者利用一些非洲或其他民族的传统艺术造型和设计形式来表达创意，使传达的对象具备传统艺术的审美价值和文化品位。（图5-17）

图5-15

图5-16

3.抽象元素的组合

世界是多元素的,任何事物的存在都离不开元素的组合,然而我们所谈的元素组合则是指设计元素的组合,把从自然的特征中提取出来的同类或近似的造型元素进行再造重组。比如,平面设计中,人们将造型元素提炼为点、线、面、体四种抽象形式,图形设计者将不同的视觉符号,提炼成单一的符号元素,这些单纯的造型元素是设计的基本单位,可以通过有秩序的空间组合,创作出有创意性的设计图形。

抽象元素的组合方式是自然规律的体现,如果仔细地观察生活中的事物,可以发现我们周围有着多样化的元素组合形式,可以使我们从中获得许多创意灵感。植物的叶子、山石的结构、建筑的形态、机器的零件等,其结构元素都是统一的。在生活体验中,我们也会发现许多元素组合的现象,单纯的元素组合是客观世界的反映,而且它组合成的形象在生活中随处可见,可以引发出无数的创意想象。(图5-18、图5-19)

这种设计方法可分为两个步骤:

一是,在某种物体的启发下,引发出设计兴趣和愿望,从中发现、抽取有意义的视觉元素,以此作为图形设计的基本材料。这种基本材料,就是组合图形的基本元素,也是图形符号的下位符号。

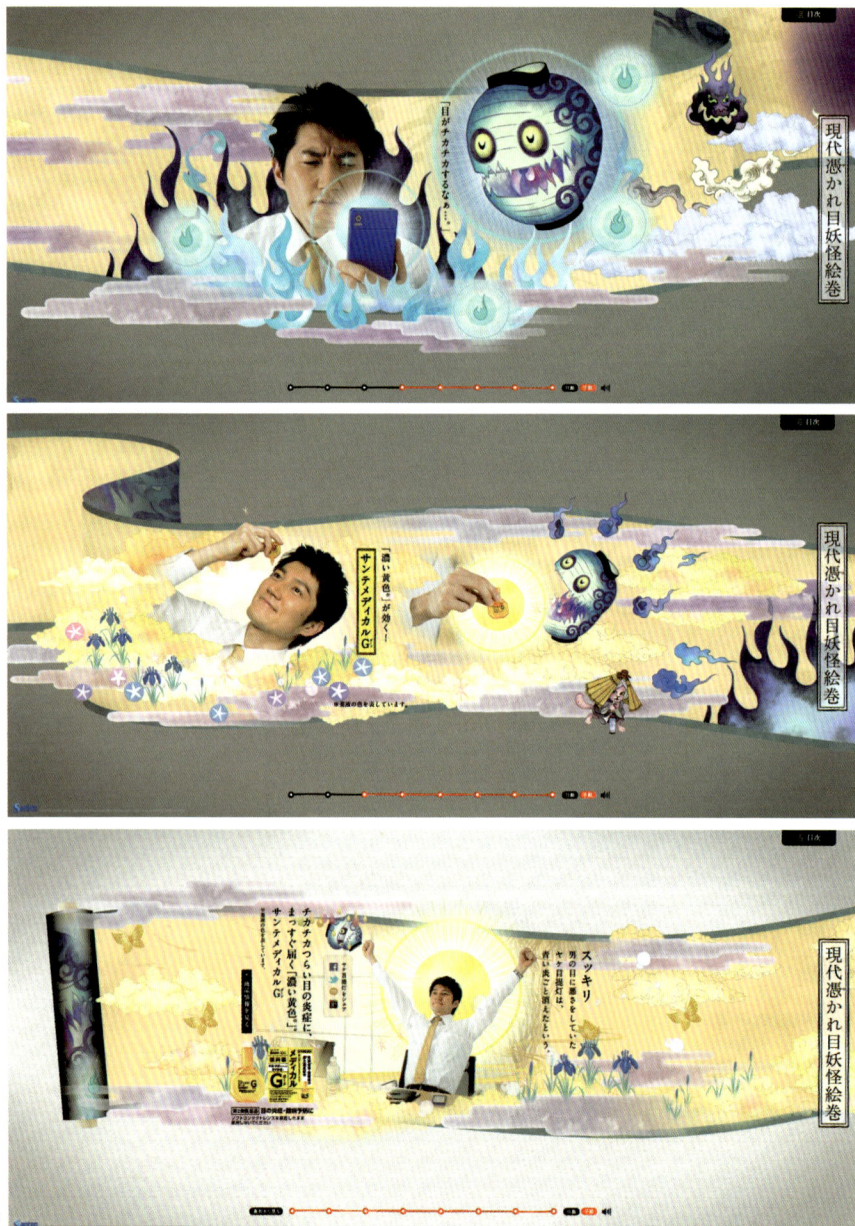

图5-17

二是，把设计元素赋予同一种符号特质，用多变的形式改变图形的属性关系，使图形的基础元素单纯、统一，创造单一元素和多样化结构的设计图形。设计过程中，我们只要充分发挥想象力，始终抓住元素的基本特征，对各种设计元素反复地去思考、灵活地加以运用，就会发现我们生活中存在着的多种可能性。（见本章后案例四川美术学院研究生作品）

图5—18

图5—19

以公益为主题的各大网站主页设计

思 考

1．为什么说广告创意是广告的灵魂？

2．比较网络广告中的优劣作品，思考好的广告创意在广告中的作用。

实 践

主题：网络广告的创意设计

形式：网站宣传广告

设计要求：以中华人民共和国建国六十周年庆为题设计一组主题网站宣传广告。

1.为主题网站设计一则主页宣传广告。

2.设计三到五则网站栏目广告。

设计指导：广告是一种传播活动，信息传达要打动消费者并被接受是设计者关心的问题，在众多影响广告传播效果的因素中，广告创意是最核心和最重要的。没有好的创意，就没有优秀的广告设计。主页宣传广告作为主题网站的门脸，要具有突出代表性、主题明确、冲击力强、创意新颖等特点。栏目广告是主页广告的延伸和展开并与其保持统一性，在统一中寻求变化，起到对主题的深化和增彩的作用。涉及国庆主题的设计作品非常繁多，设计风格与设计元素的选取也大同小异，少有出彩的创意作品。如何突出这届庆典的与众不同，表达手法如何有所突破是创意设计的难点所在。

自我形象推广创意主题案例·专科学生作品

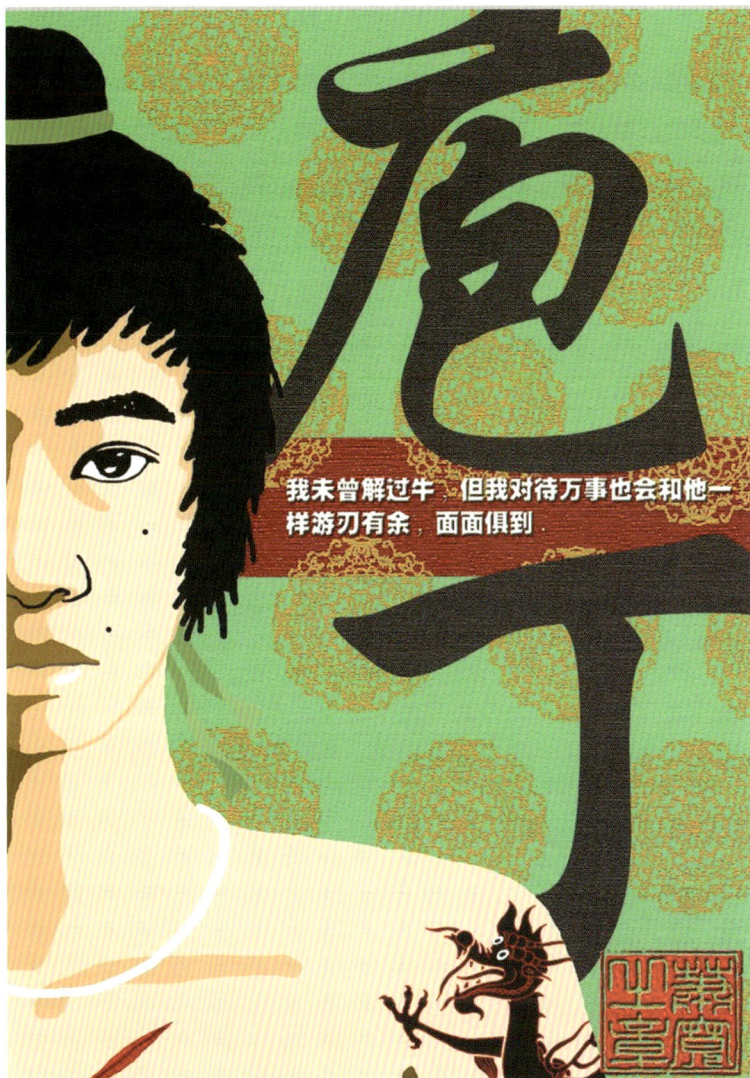

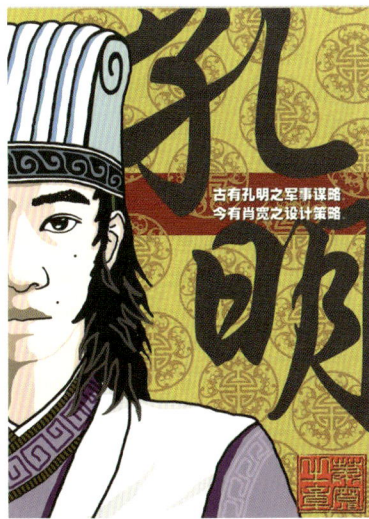

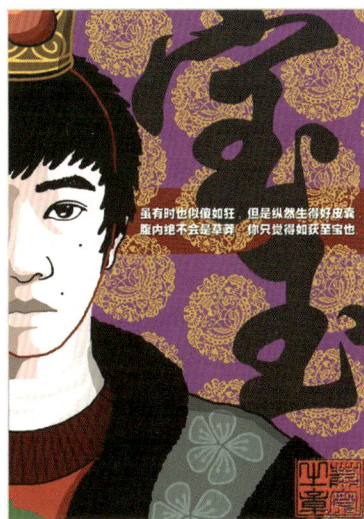

个人介绍: 肖宽 男 四川美术学院装潢设计专业 开朗、想象丰富有谋略,乐观,主次分明,勤奋,自信心十足。
创意喻体: 孔明 庖丁 宝玉
广告语: ① "孔明" ——古有孔明之军事谋略,今有肖宽之设计策略
② "庖丁" ——我未曾解过牛,但我对待万事也会和他一样游刃有余,面面俱到。
③ "宝玉" ——虽有时也似傻如狂,但是纵然生得好皮囊,腹内绝不会是草莽,你只觉得如获至宝也。

《自我形象推广》设计作者:肖宽 指导教师:刘扬

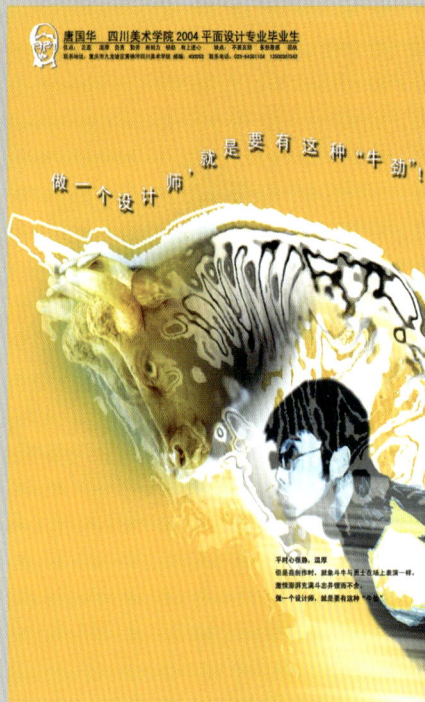
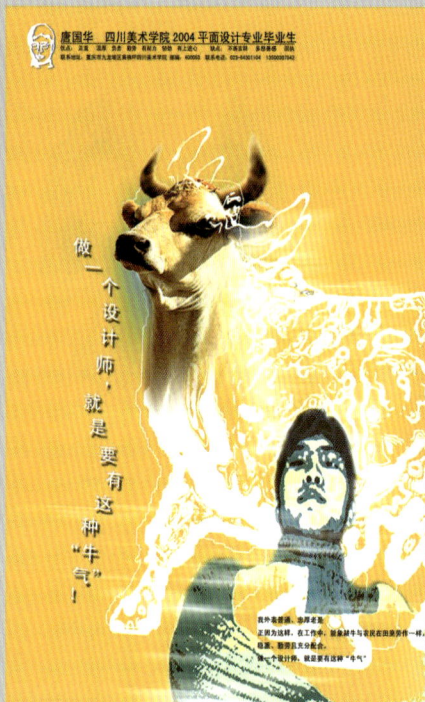
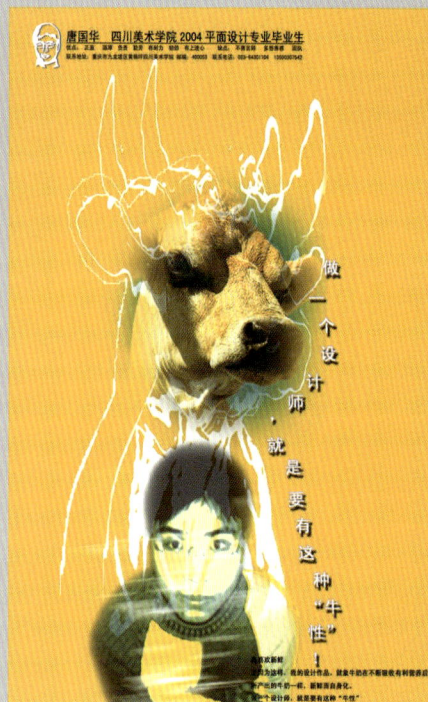

《自我形象推广》设计作者：唐国华 指导教师：刘扬

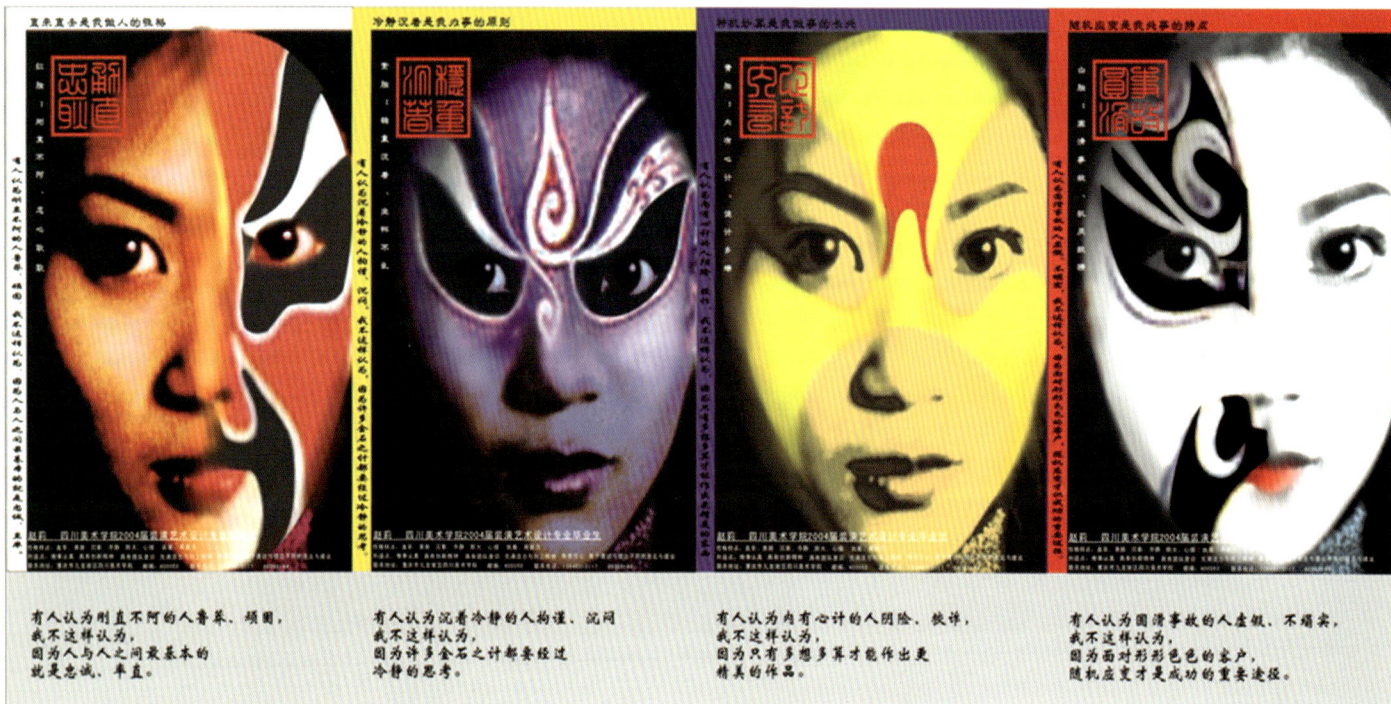

《自我形象推广》设计作者：赵莉 指导教师：刘扬

《自我形象推广》设计作者：杨雪娇 指导教师：刘扬

《自我形象推广》设计作者：李金芯 指导教师：刘扬

"关注农民" 创意主题案例

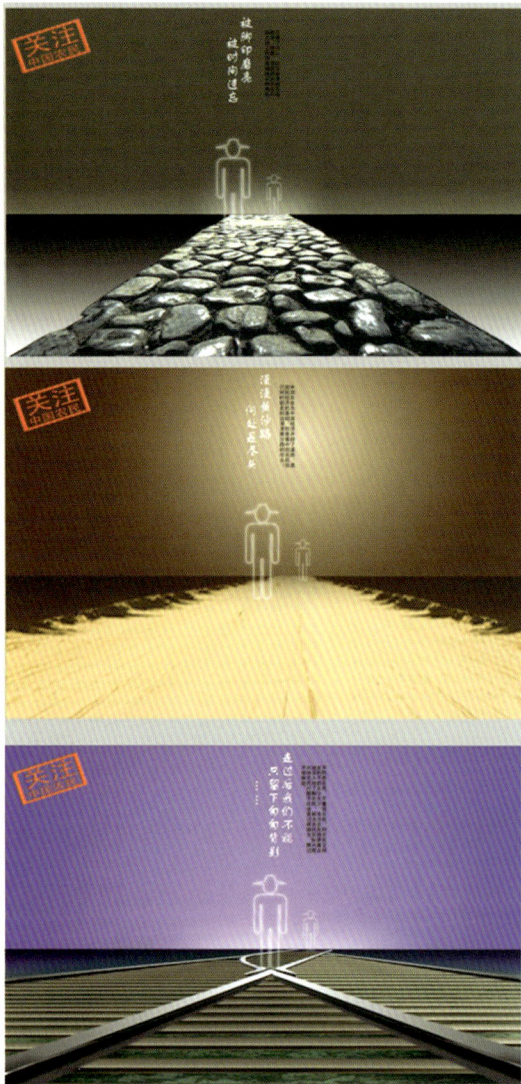

《关注农民》设计：刘强 指导教师：刘扬
广告主题概念创意演绎案例解析
步骤一，比喻联想：关注 农民
　　　　　　联想比喻：道路＝农民的生存状态
步骤二，象征创意联想：
1.局部象征整体：石板路——穷苦，黄土路——艰难，铁道
路——前景光明，象征事物状态的共性。
2.阶段象征过程：坎坷的石板路，风沙弥漫的黄土路，快速的铁
路，象征事理诉求。
3.个别象征一般：坎坷的路、风沙的路、快速的路，比喻象征情
感诉求。
4.瞬间象征永恒：关注农民过去的、现在的、明天的状态——时
间与价值诉求。
5.符号象征概念：农民形象统一应用抽象符号——象征事物的目
的诉求。
步骤三，指定事物联想：关注农民生存状态
1.针对事物：石头路、黄土路、铁道路
2.推演意义：（寓意）
　　　风雨坎坷石板路＝农民苦；
　　　黄沙弥漫黄土路＝农业艰难；
　　　铁道路＝火车跑得快，全靠车头带。

《关注农民》设计：曹文 指导教师：刘扬
广告主题概念创意演绎案例解析
步骤一，比喻联想：关注 农民
　　　　　　联想比喻：交通指示＝必须关注
步骤二，象征创意联想：
1.局部象征整体：观察指示，注意指示，停止指示，缓行指示——象征交
通指示"关注"的共性。
2.阶段象征过程：观察＝尽观沧桑，注意＝城乡分治，停止＝备受冷漠，
缓行＝减轻负担，象征关注农民的事理诉求。
3.个别象征一般：尽观沧桑，压弯脊梁，城乡分治，贫富差距——比喻象
征关注农民的情感诉求。
4.瞬间象征永恒：停止＝备受冷漠，感受温差；缓行＝减轻负担，走出怪
圈——关注农民的时间与价值诉求。
5.符号象征概念：作"观察、注意、停止、缓行"创意符号——象征关注
农民的目的诉求。
步骤三，指定事物联想：关注农民问题
1.针对事物：农民很苦、农村危险、农业艰难；
2.推演意义：
　　　交通指示：观察＝尽观沧桑，压弯脊梁＝农民苦
　　　交通指示：注意＝城乡分治，贫富差距＝农民穷
　　　交通指示：停止＝备受冷漠，感受温差＝农村危险
　　　交通指示：缓行＝减轻负担，走出怪圈＝农民期望

商业广告创意主题案例·本科学生作品

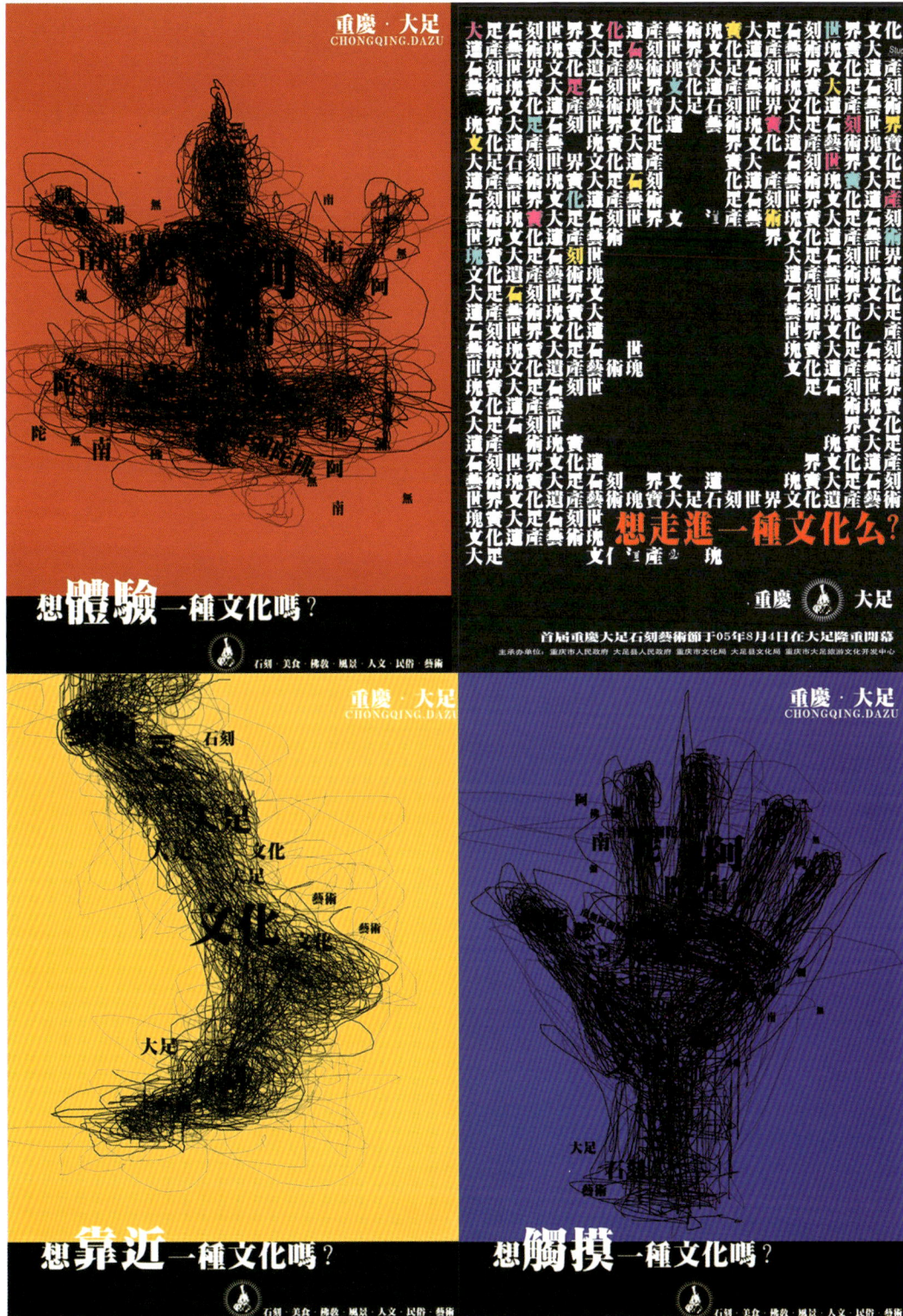

《商业海报设计》设计：朱绍坤　指导教师：李勤

公益广告创意主题案例·研究生作品

《商业海报设计》设计：薛白 指导教师：刘扬

《关注水污染》网络公益广告 四川美院2009级装潢系研究生 王娜 指导教师：刘扬

网络广告创意主题一般典型案例

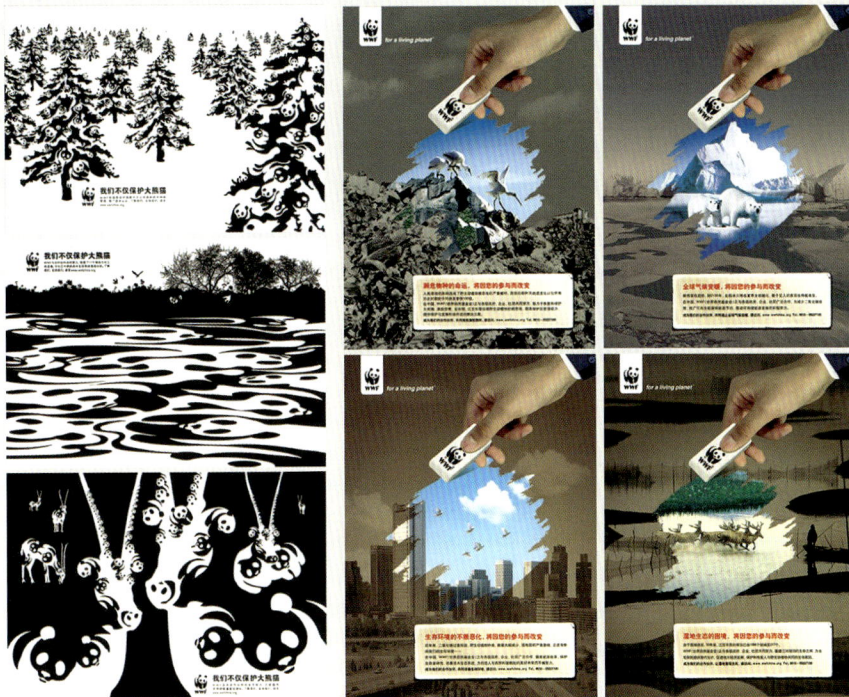

好的创意《WWF网络系列广告》

命令型的网络广告

新闻型的网络广告

悬念型的网络广告

网络广告的创意方式是多元化的，可以根据不同的广告诉求，选择不同的类型，创意的思考会更直接一些，如以上几则广告，必须在视觉图形的创意上下足功夫，否则就会落入俗套。

利益型的网络广告

提问型的网络广告

《警惕！全球变暖！》网络公益广告 四川美院2009级装潢系研究生 温海猛 指导教师：刘扬

意义连续诱导的网络广告创意

第
六
章

网络广告的动画形式

本章学时：4学时

学习内容：

1. 网络广告动画的特点

2. 网络广告动画的交互形式

3. 网络广告动画设计的艺术规律

关键词索引：网络动画广告、交互形式、艺术规律

随着网络的广泛应用，网络动画广告的传播速度日益加快，无论是企业还是公司和个人，都在寻找网络广告带来的无限商机，使网络动画广告的商业价值迅速提升，利用网络广告互动交流的视觉优势和较高的观看率为商业服务。为促进社会经济的更大发展，网络广告就必须以美的动画形式和视觉效果，以传播内容健康的动画元素的人性化设计为基础，在加强商业功能的同时，以创造富有情趣的网络动画艺术形式为手段，强化出网络动画的视觉形式，传达更多的商业和文化的信息。

一、 网络广告动画的特点

Flash动画，是网络动画的最主要的表现形式。它的传播速度较快，而且对制作设备要求不高，一个人、一台计算机就可以制作出一段精彩的动画片段。这个特点在商业推广中起到很大的作用，大大节省了企业宣传的资金消耗和时间消

耗，能够完全根据市场的需求来制作修改。Flash广告动画与网络媒体结合起来，可以更好地满足受众的需要。让欣赏者的动作成为动画的一部分，通过点击、选择等动作决定动画的运行过程和结果，使广告的传达更加人性化，更有人情趣味，完全体现网络动画的交互性特点，增加受众的兴趣和记忆力，最终达到广告效应。比起传统的广告和公关宣传的形式，通过Flash动画广告的制作，使产品信息传递更加高效、受众接受更加迅速。其特点如下。

1. 创意为目的生动性

网络广告的动画形式视觉效果，比摄影的写真效果更有现实感和吸引力；而动画中特有的卡通创意形象与普通广告相比，更具有艺术的趣味形式、富有生动感和鲜活的视觉效果，使网络受众既可以欣赏动画同时又可以得到广告信息，最终达到广告效应。（图6-1～图6-5）

图6—1

图6—2

图6—3

图6—4

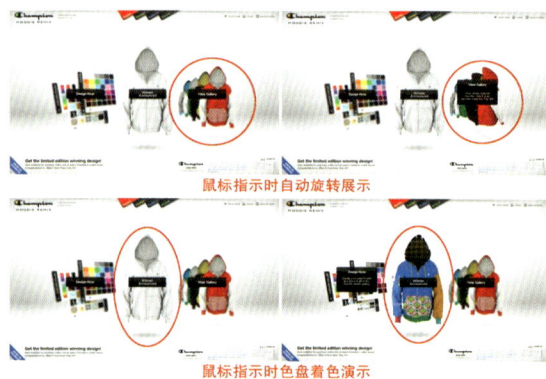

图6—5

2．强化视觉的夸张性

网络广告的动画设计根据市场的需求，设计者首先需要以夸张性的艺术形态强化现实中的视觉形象，丰富广告信息的想象力，创作出风趣幽默的动画形象和故事情节。它突破了传统广告的写实性单一化特点，因而在网络动画广告的创意中，我们可以采用各种技法，利用网络的虚拟特性作天马行空似的夸张去展现广告文化的创意和想法。（图6-6～图6-14）

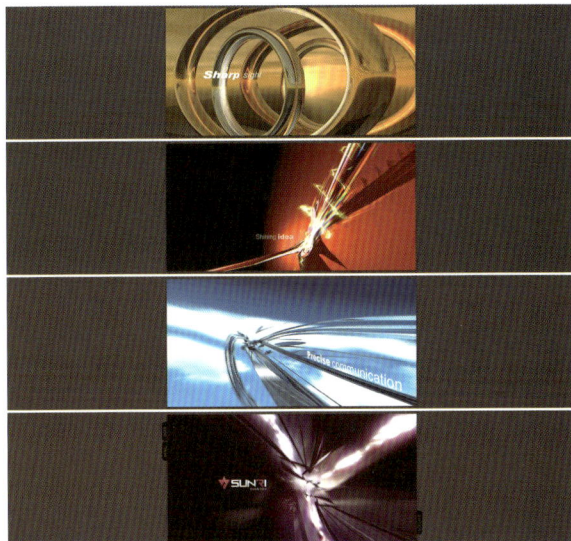

图6-8

图6-6

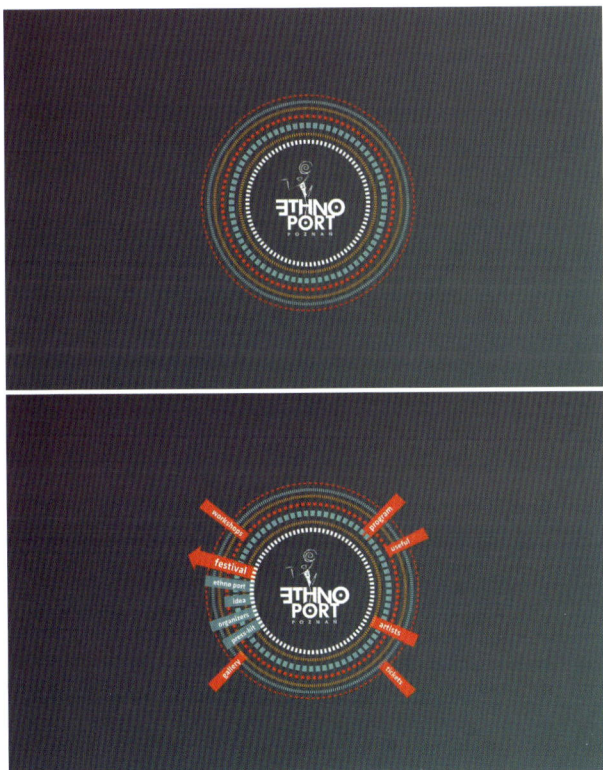

图6-9

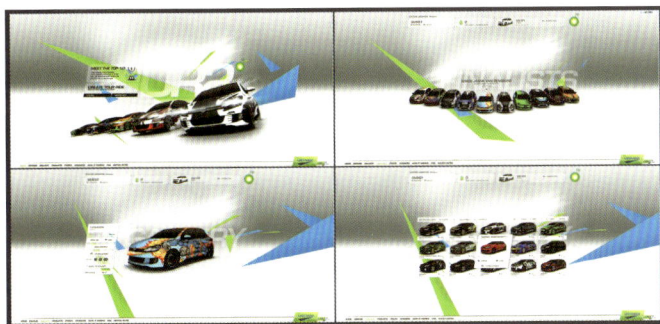

图6-7

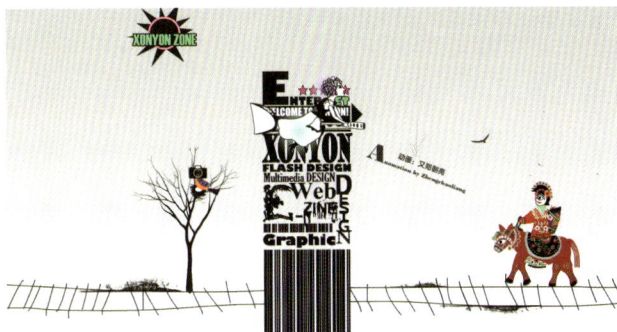

图6-10

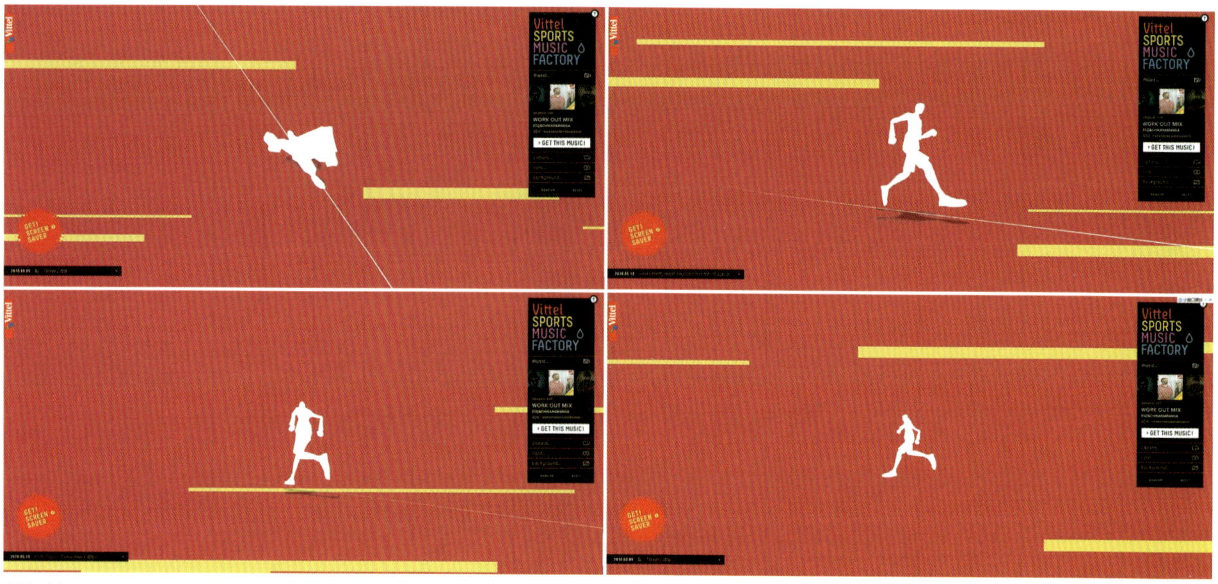

图6—11

图6—12

图6—13

图6—14

图6-6～图6-14　网络广告的动画设计根据市场的需求，设计者首先需要以夸张的艺术形态强化现实中的视觉形象，丰富广告信息的想象力，创作出风趣幽默的动画形象和故事情节。它突破了传统广告的写实性的单一化特点，因而在网络动画广告的创意中，我们可以采用各种技法，利用网络的虚拟特性作天马行空似的夸张去展现广告文化的创意和想法。

3．精练独特的吸引力

网络动画是非常丰富多彩的，有很大的视觉冲击力和新鲜感。它打破了传统广告的视觉框架，给受众一种精简独特的全新的心理感受，很好地传达广告信息并最终达到精练突出的品牌效应。因此，网络动画是当代众多商家和设计者的首选网络广告形式。（图6-15、图6-16）

4．新奇多样的时尚性

网络动画的审美性突破了传统媒介的视觉效果，以新奇多样和青春时尚的动画形象走进大众的生活。随着市场的不断发展，媒体技术的不断革新，网络动画已逐渐走在了时代的前沿，与最新的科技、最时尚的元素搭配在一起，慢慢地融入了人们的生活并创造了很多的价值。（图6-17~图6-19）

图6-15

图6-16

图6-17

图6-18

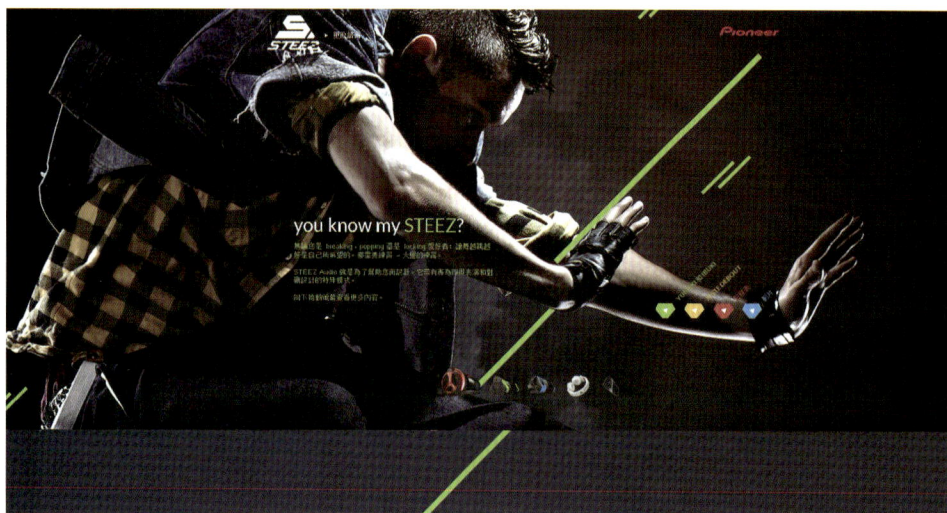

图6-19

二、网络广告动画的交互形式

除网络的交互技术，作为网络广告传达的物理支撑，网络广告动画的商业性是通过文化性体现出来的，这个过程也是一种整体交互的审美活动。而这种整体的审美，是动画表达结构中各基本要素相互作用而构成的。从整体角度看，审美活动中作者、作品、读者作为一个整体，相互作用，三者缺一不可，共同构造出审美这一特殊的活动方式。作者与读者在审美活动中，通过作品这一特殊中介进行审美交流，在交流中双方有一方以不在场的形式参与交流。因此，审美交流活动中就可能出现，以在场一方构成阐释活动的中心，作者要通过作品说话，代替自己与受众进行交流。因而这一过程展现出以下的形式。

1.对应沟通

动画作品成为作者的"代言人"，不仅仅是要将内容复述出来，也要代替作者通过视觉形式来传达情感。同时作为审美对象，具有能唤起受众审美意向的感染力和情感激发的作用。情感表现要以满足主体（这里的"主体"指，由许多人通过身份认同而形成的具有特定思想倾向的群体）的需要为前提。

网络广告的信息传达是具有选择性的，其视觉表现形式是以满足多个主体的需要为目的，只有在对主体的审美观点、审美情趣、审美态度、审美理想、审美能力等多方面因素的综合考察下进行的目的性审美创造，才能唤起对应主体的审美需要。审美需要能激发审美情感的产生，审美情感的反馈影响审美需要，使主体的兴趣目标发生转移。因此，审美创造的目的性不仅在于对主体审美需要的满足，还要使审美需要的满足具有层次性，具有变化的刺激模式呈现，才能使主体在一定程度上保持对目标的兴趣，产生审美期待。

总的来说，对应目标受众的情感沟通需要符合主体审美需求的形式创造，其目的不是单纯地为了引起相应的情绪反应，而是要通过向受众呈现符合其需要的对象，使其受需要的指引和调节，形成行为动机。

2. 体验认知

认知能够帮助我们确认自身的情况，并以此来调节自身与环境的关系，人的体验和感受会引导我们对认知作出评价。我们对对象的感知不是一种被动地接受，而是有主观参与的创造性活动，审美对象不能直接传递审美感受，而要加入人们的想象。

对于网络广告与受众的互动，一部分人是带着期望得到满足已经存在的需要为目的而参与到互动过程中的，还有一部分人是由于视觉对象的刺激产生了有别于已有需要的新需要，但无论是哪一种类型的目标受众，都带有心理上的期待。网络广告在互动过程中所呈现的刺激对象，在满足现实性需要的同时又能激发潜在性需要的产生，潜在需要在遇到符合需要的对象时，就会转化为现实需要。

网络互动的过程也是受众的视觉、精神的体验过程，是潜在性需要不断被激发又不断得到满足的过程，认知是在此过程中得到最终完善的。因此这样的认知形式，让人们不断

在互动过程中寻找符合某种需要的对象，能够不断获得满足感，是支持行动持续下去的动力。所以网络广告的视觉形态构成，要从精神和物质两个方面满足受众的需要，使其在获得目标信息的同时得到身心的愉悦。

3. 交流审美

网络广告是作者与大众之间沟通的桥梁。从主体间的设计角度来看，审美活动的一般性结构形式成为了审美活动进行的主要"场所"，作品在其中既以隐含读者的身份接受和承载作者导入的信息，又扮演了叙述主体向读者输出信息。但从读者的角度来讲，作品本身不具备作者本人叙述的主动性，它只是作为审美对象被解读。这样一来，就导致了信息误读的可能性。我们遇到无法破解的信息，习惯性先以主观解释来替代，一旦这种主观解释在审美对象中找到了某种印证，信息就被确认接收，但实际上我们根本无法保证信息解读的结果，是否符合其应该传达的正确信息。作为作者，是有能力控制这种误差的，尽可能地缩小理解误差是作品在审美活动中肩负的使命。（图6-20）

互动性使网络广告在这一方面较其他广告形式具有优势，审美活动不是在强制下进行的，是以审美的交流来代替审美活动中心论导致的审美的教化倾向。其广告审美形式的创造是需要性的目标性创造，而动画的创作是从读者的角度进行的理性放心和思考的过程，这使广告信息的传达在准确性上得到了极大的提高。

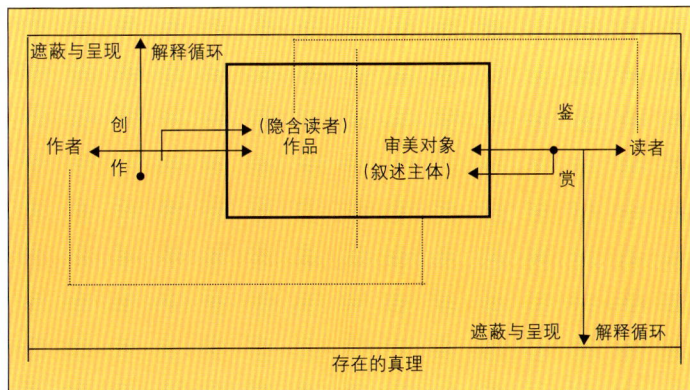

图6-20

三、网络动画广告的艺术规律

网络广告的形态创造、画面构成和审美模式都具有自身的特殊性，这些特征使网络广告的交互功能得以实现，其中包括了视觉的交互、心理的交互和行为的交互，这三者是互相联系着并交织在一起的。现有网络广告中，大部分创意设计水平都不高，虽然网络媒体提供了这样一个有利的信息传播平台，给网络广告提供了设计创新的广阔空间，但目前看来，网络广告还没有能够很好地发挥出交互性的优势，甚至还给受众带来不良的影响。因此，一个严峻的问题摆在我们面前，要创造能发挥网络广告的交互优势的广告，我们需要的是分析思考创作的规律。

1. 流动性画面关系

说到静态画面，招贴、路牌、报纸、杂志广告以及宣传册等都以纯粹的静态画面形式存在，它们的构成要素、组织要领都与网络广告基本相同。静态画面或者说独立页面的构成形式体现出了视觉流动性，这种流动包括了画面组合构成的运动趋势以及作品与受众之间的视觉互动沟通。网络广告是从形的组合式样中获得视觉流动感，这与人的视知觉与心理密切相关，对客观对象的知觉不是对其的纯粹客观反映，而是综合了自身的情感因素，因此网络广告的视觉形式创造要留给受众主观参与的余地。

网络广告静态画面的构成带来的视觉运动感受应包含以下要素。

（1）形态的基本构成要素中，点、线、面都具有各自的视觉特性。点的集中分散、大小变化、连续性以及节奏、韵律、方向甚至空间的深度会起到固定或移动视线的作用。线的连接、断开或交叉以及长度、粗细会呈现出远近感、运动的方向性、力象等不同的表现。通过线条的粗细变化、波浪形的曲线，还可呈现出具有方向性的流动感。（图6-21、图6-22）面具有充实感，面的组合产生的新形与原有形的关系是调和整体的关键，通过面的分离、接触、重叠营造组合的层次，这在静态画面中有利于突出空间的结构，可以通过写实与剪影以及剪影的虚实效果来营造空间的层次感。（图6-23～图6-25）

精练独特的流动性网络广告

应用符号节奏的流动性网络广告
图6-21

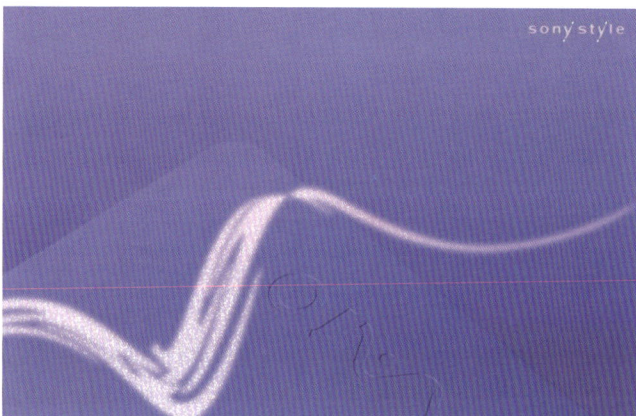
图6-22

图6-23

（2）图像作为构成元素，加入了光影的效果，加深了视觉上运动的空间性。与影视、动画形式的网络广告不同，单一画面中空间结构的强度及丰富性较弱，但不同类型的视觉形态尽可能地弥补这方面的不足。图像能捕捉一些特殊的形态效果，使视觉更加丰富多彩。一个静止的汽车图像，由于有了线性模糊的背景衬托，使汽车图像具有了行驶中的速度感。（图6-26）

（3）平面与立体形态创造的视觉幻象，增强了画面的空间立体感、进深感与透明感，表现画面张力。思维幻象的创造在网络广告中的强势突显，包括矛盾形态与强调创造性想象的写意造型，其中写意形态在网络广告中的运用充分调动了观看者的"求知"欲望。通过抽象与具象相结合的视觉形式呈现出对象蕴涵的特征和生命，其新奇性能诱使受众的视觉关注。奥迪车广告以一幅满布小石头的静态画面代替车体的出现，由于加入了圆圈水纹，而使画面活起来，引导观众想象小雨淅沥，户外驾车的情趣。（图6-27）

利用视觉幻象的流动性
图6-24

利用点移动的流动性

利用色彩明度变化的流动性

利用广告语清晰与模糊的流动性

利用前景与背景虚实的流动性

图6-25

图6-26

图6-27

（4）我们通过对静的形态层次和变形等制造形式韵律来表现运动感，对于真实运动形态的图像捕捉，排列应用、图像间的位置关系也能表现出不同的运动速度。在网络广告中，静态画面中也会出现静止影像连续呈现所带来的频闪幻象，根据图像捕捉的间隔时间长短，可以被知觉为连续或跳跃。如图6-28中，Lumina广告在版式构成不变，处于静态的页面中，由频闪的点阵构成的符号，不断变化形态，形成不同的识别形象传递信息。（图6-28）

静态画面的构图主要以画面总体定势、画面内部构造来引导视觉流动。

首先，画面的定势是指画面的形式原则与其带来的视觉刺激以及由此引起的心理波动。画面构成呈现的稳定性、刺激性、运动与冲突、饱满和谐的整体力象，反映了创作者的感情意向，也给观者带来不同的情绪感受。

其次，画面的内部构造决定了观者视线的移动方式和方向。画面的空间限定是封闭或开放、构图是适合或出血，对于视线的移动范围有限定的作用。对于静态画面来说，内部结构中的视觉运动式样是让视觉活跃起来的基本因素，以画面边缘为依据做垂直、平行或倾斜的运动。但每个画面都有视觉中心的存在，这个范围内的对象往往会被视线第一个捕捉到，然后视线随着画面内部运动结构的引导方向移动。

网络广告的静态画面与招贴、路牌、报纸、杂志广告以及宣传册等形式一样符合以上的画面构成特点。网络广告的多

画面形式，在符合单画面的视觉流动与整体平衡的同时，各画面间还有密切的联系，这不是孤立、生硬地拼凑画面，实际上是对总体的多方面的展示。微软的服务广告，各画面都有自己的视觉中心人物，这个中心（不同肤色的人）要强调突出的是整个广告的信息中心，信息中心的核心本质（服务的全球性）不受画面构图变化影响，贯穿始终。各画面在以下几个方面保持一致：对称性、平衡关系、节奏、色调和背景，这样保证了在多画面的交替中，主题信息不流失，做到了变化与统一相结合。画面的动力结构与形态组合的整体性得到延续，感受到流动过程中视觉的步步强化。如图6-29中，不同画面、不同形象与信息，由于画面整体构成保持不变，使形态组合的整体性得到延续，应用局部形象变化引导不同的信息内容。

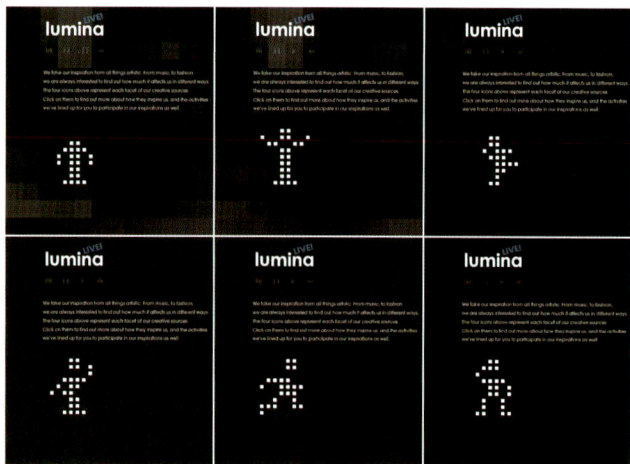

图6-28

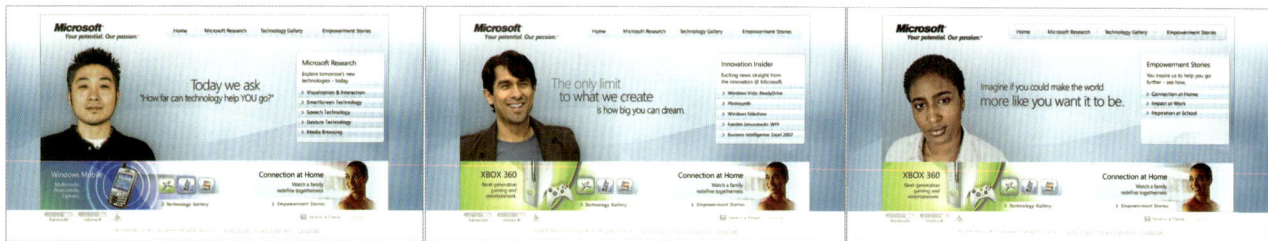

图6-29

2．情感性色彩诱导

色彩能够表达一定的感情和意义，这种感情和意义的感应来自人与色彩之间，因此色彩的感情是建立在人的生理与心理基础上的。分析色彩实体和色彩效果之间与人们的视觉、思想以及精神的联系，包括了色彩的心理效应、色彩对比调和的感情表现、配色构图的表情效果以及多性格的协调。

从对色彩的感应结果来看，一种是由于色彩的刺激而直接导致的单纯性心理效应；另一种是单纯性心理效应造成的一种强烈印象，唤起知觉中的其他感受而形成的成串心理效应。后者建立在前者的基础之上，二者往往难分难舍。

（1）色彩的单纯性心理效应是不稳定的视觉心理效应，是以直觉的形式来直接反映现实，其感应结果很容易由于刺激源的消失或外部环境、条件的变化而变化。我们之所以能够把一种情感与某种色彩联系起来，是因为我们的经验形式与色彩对象的刺激形式在某种结构上的符合。每个单色实体都能诱发与之相对应的情感，但这种情感效应并不能保证在任何情况下都保持与该种情感相符，这是由单色实体的个体性质决定的。色彩的混合会导致单色实体的基本属性发生变化，只有那些自身有着丰富变调的色彩，才不会因此而受到太大的影响。色彩的搭配，在两种色彩面积相当的情况下，由于两种色彩实体的物理性质差异，在视觉刺激上造成冲突，因此相对单色实体来说，另一种色彩的出现，要么对其增强要么就是削弱。（图6-30）

（2）色彩的间接性心理效应是以直接心理效应为基础的衍生效应，尽管间接性心理效应更侧重于主观性、特殊性，但感知结果也同时受刺激源影响。人的个体差异性也是决定因素之一，不同的个体对同一种色彩产生的联想都存在或多或少的差异，抽象概念的联想却有惊人的相似。例如，以红色作为刺激源，也许护士会联想到血液，但钢铁工人则会联想到熔炉。工作性质、生活环境的不同会使他们将最贴近自己实际生活的具体事物与色彩刺激联系在一起。但从抽象概念来说，无论是血液还是熔炉，都会带给人沸腾的情绪。假设护士将红色抽象为危险的概念，钢铁工人则将之抽象为热情的概念，这与沸腾的情绪并无大的出入。因此，当把色彩联想整理为明确的概念，并使之成为一个序列的时候，联想的差异性就会缩小。

网络广告的画面是多色彩的，色彩与色彩之间相互影响、相互依存，使我们接收到的色彩信息不是孤立的个体色彩，而是对它们相互关系的整体感受。一种色彩与它所处的环境色彩之间的对比使感情表现较单个色彩更为丰富，环境色彩的改变能够赋予同一种色彩截然不同的情感表现，由于整体明度、彩度、色相的变化组合，使画面出现调式的差异。色彩的对比调和、色彩的形状、大小、位置，色彩的节奏，等等，都是决定其情感表现力的重要因素，具有情感表现力的色彩搭配组合不仅能抓住视线，更能震撼心灵。（图6-31）

图6-30

图6-31

此外，网络广告的情感性色彩设计还具有一些特殊性。首先，色彩所表现的情感起伏可以存在于独立页面的网络广告形式中，也能够在多个链接页面中，用不同的色彩组合方式表达不同的情感内容，形成整体的节奏。其次，网络广告的色彩设计与受众情感沟通的最终目的是为了促成点击，因此色彩强调往往是应用在链接形态的设计上，有链接形态设置的点击类广告在这点上表现得十分明显。再次，网络广告传播的广泛性使信息传播的地域化特征削弱，在色彩设计中，应该充分考虑色彩象征的中西方差异以及流行色的使用。最后网络广告中色彩构成的主要目的是为了诱发受众情感、引导情感参与，通过感情的传递引起感情的共鸣，使受众在互动的过程中获得整体的情感体验。

3. 情态化视觉肌理

网络广告中视觉肌理的运用使画面的视觉感更丰富多彩，它起到了增强形态的立体感以及丰富形态表情的作用。强调情态化的视觉肌理，实际是强调视觉肌理组织构造的动势、意义以及情绪，在互动形式的情感沟通中对作品情感性表现的强化。肌理形态本身就能表现出情绪，偶然的肌理形态由于其偶发性和复杂性的形态特征，还能呈现出情绪的变化，规则的肌理几何形态会显得生硬、刻板，肌理的有机形态能突出内力的运动变化，能感受到节奏和速度。（图6-32）

肌理的选择与组织形式是符合画面整体造型情感表现的。除了情态性的肌理组织构造，肌理之间以及肌理与形体间的配合也能有助于突出整体造型的情态特征，其中，光感效果和触感效果是影响肌理情态表现的主要因素。对形来说，肌理的分布、密集度在视觉上会影响对象的光泽度，刺激对材质的联想，获得光滑、细腻或粗糙的触觉感受，在情态上反映为冷漠、温柔亲切或沉稳笨重。对色彩来说也一样，肌理会改变色彩的明度，出现高光色、亚光色、背光色的差异，在单个色彩中的不同肌理应用能使色彩丰富起来。对整个造型来讲，单一种类的肌理应用，在肌理分布的面积、位置上形成对比，能丰富形态的视觉表现，强化形态特征。多种类的肌理应用本身就存在对比关系，另外就依靠种类应用的主次之分构成一种主调，这种主调是与整体造型的情感表现一致的。

在网络广告中，视觉肌理的情态化特征主要从肌理对主题情感表现的烘托和加强中表现出来，肌理对形态的强化作用，可以使形态突出为视觉中心而成为关注点。下面这则轮胎广告就充分利用了轮胎纹理与鱼鳞、轮胎排列形成的规则肌理和八爪鱼的触须做同构，来突显轮胎的功效。（图6-33、图6-34）

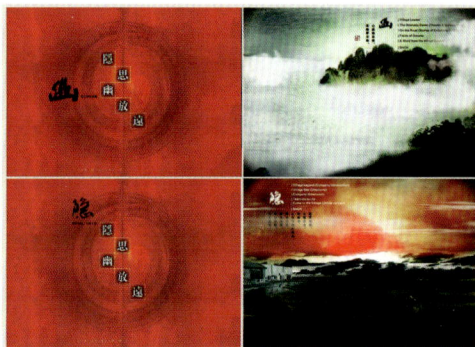

图6-32 突出视觉创意的情态化肌理应用。

图6-33

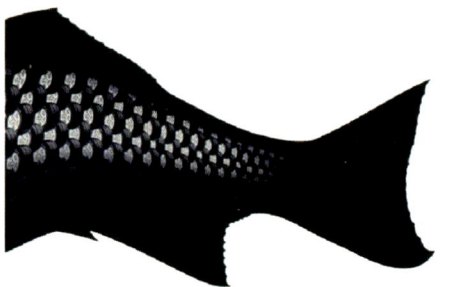

图6-34 这则轮胎广告就充分利用了轮胎纹理与鱼鳞、轮胎排列形成的规则肌理和八爪鱼的触须做同构，来突显轮胎的功效。

4．多样性特殊影像

网络广告呈现多样性的形式，既有图形又有图像，还有的是二者相结合。其中存在静态与动态的区别。一则网络广告的形式不是单一的，往往结合了多种元素，因此无法以图形还是图像或者静态还是动态为标准进行划分。这里所谓的特殊影像，是指图形图像的动态构成形式，主要包括了动画广告形式、视频广告形式，另外还包括以静态图形图像元素为主的动态广告形式。

动画和视频形式的网络广告与电视广告，在图形图像以及声光色多媒体综合艺术效果上有着完全的一致性。这种广告形式在形态构成上除了满足上述图形、色彩、视觉肌理的形态特征及构成规律外，重要的是加入了镜头式的运动视点，扩大了空间的维度，因此在构成上建立起立体的空间概念。不同的是，网络广告形式在时间和空间上都给予了受众更大的自由，可以将广告诉求重点分散开来，给受众留下思考的余地。

镜头式的运动视点，在动画与视频广告形式的构成中扮演了导游的角色，引导观者视线的移动，重要的是拓展了纵向的移动空间，使屏幕前的观众在方位固定的情况下获得多角度、有广度与深度变化的视觉刺激。运动视点的一大特点就是跳跃性，这和我们平时的视觉习惯有关。眼睛会跟随运动的物体，但对于没有运动的物体，我们只会注视某一点，然后再在其他点之间切换。因此，镜头式的画面构图中，画面有值得关注的重点，视点在多个这样的画面间做跳跃式运动。如果是平铺直叙式的视觉呈现，那么，为了在观众的意识中建立视觉上的渴望，视点要流畅地跟随移动，当移动结束时一定有新的关注点出现。这种做法让观众总能捕捉到一个重要的事物，而不至于感到画面的空洞。

视点的运动，除了以观众眼睛的运动为出发点以外，还可以画面中一个运动的物体作为视点跟随的对象。在网络广告中，视点跟随的对象往往就是信息点，由于网络广告的信息传播具有层次性的特征，这个信息点并不是完整的信息内容，可能是作为链接作用的信息生发点，也可能仅仅是引导视线的重点转移。要作为视点跟随的对象，在运动速度、形状、大小、色彩、肌理的对比方面都有要求，符合人的视觉习惯，在画面中能突出成为重点的运动对象往往被作为视点的跟随对象。除视觉重点关注对象之外，其余的运动对象的构成都以之为中心，为其服务。阿迪达斯的视频广告中，篮球运动员通过与背景的色彩、动静对比，突出成为视点跟随的对象。（图6-35）

网络广告设计的空间形态，是物象对画面的占领分割所形成的实体与空间形态以外的空虚形态。空虚形态传递实体间的相互关系，它在不知不觉中被人感受。空虚形态的本质是气的运动，体现出一种力象，不同的空间分割形式会呈现出不同的"势"，对人造成相应的心理感受，同时也影响到行为方式。网络广告形态的运动变化直接牵涉空间结构的改变，控制视线在预设的场中按一定的路线移动，或停留或波动或迂回或循环。

网络广告画面与观众的视觉沟通，还体现在画面的运动视点构成符合观众的期待，这种对构成变化的预期，是观众的视线受自然刺激而发生的转移。举个生动的例子，老师站在教室门口向教室里在座的同学们介绍，说将有一位新同学到这里来学习，老师说完话后就站到旁边等待新同学的登场。这时，哪怕并没有同学站在大家目光所能及的位置，教室里的人还是会朝门口尽力地张望。这是由于某种暗示情节发生的动作引起了大家的好奇心，使视线发生了转移，尽管被期待的对象不在现有的画面之中。这种视点的激发，在网络广告中就体现了从视觉到行为的交互性。（图6-36）

图6-35

图6-36

优秀网络广告欣赏

审美活动不是在强制下进行的，它是以审美的交流来代替审美活动中的中心论导致的审美的教化倾向。其广告审美形式的创造是需要性的目标性创造，而动画的创作是从读者的角度进行的理性放心和思考的过程，这使广告信息的传达在准确性上得到了极大的提高。

思 考

1.为什么在交流审美活动中会产生信息误读？

2.为何大多数网络广告采用动画的表现形式？

实 践

主题：网络广告的审美设计

形式：食品类网络广告

设计要求：

1.用色不超过5种（黑白色不计）。

2.制作添加一个动态元素，保持画面关系协调，体现动态元素的节奏和韵律。

3.要求设置1~2个链接按钮，注意其与画面的整体关系以及对受众的视觉引导。

设计指导：食品类网络广告比传统媒体广告更具有鲜活性，因此除了要注意色彩、肌理等表现食品的卫生、健康、美味、愉悦等（根据食品类别及特色突出宣传某一种或几种）外，还要突出网络媒体的优势，通过用户与广告的"交流""体验"，使用户获得视觉上的美感和心理上的认可。

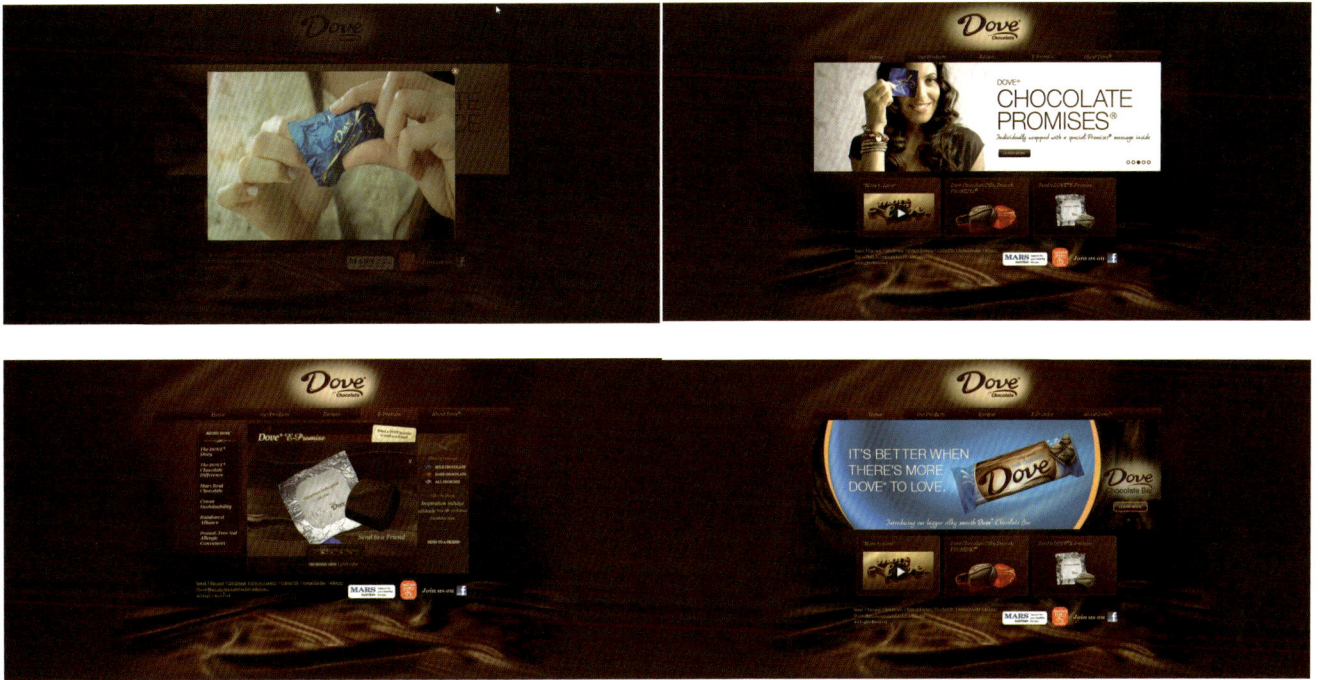

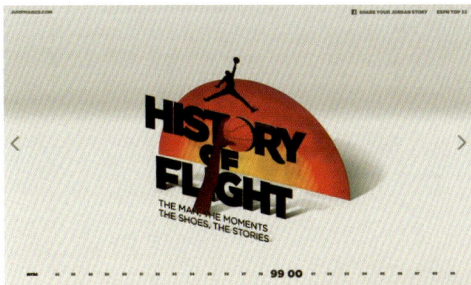

利用视知觉的性质画面交流的场性以及动画与特殊影像等形式是能够创作出很有创意的作品。

网络广告的交互设计

本章学时：4学时

学习内容：

1. 网络广告互动特征

2. 网络广告互动形式

3. 网络广告交互技术

关键词索引：互动特征、互动形式、交互技术

网络广告的交互性，是区别于传统广告的独有特性。通过网络广告的互动形式，人们可以依据个人的喜好随时观看、切换广告内容，甚至可以提供或反馈信息。网络广告的交互性是要通过与传播对象发生联系，受众发生点击行为来得以体现。除了前面讲到的视觉形态本身的互动特点以外，其构成的特点，即形态组织规律（包括广告信息的组织与情感诱导等非物质的方面）也在引导交互设计行为方面扮演了重要的角色。

一、网络广告的交互形式

网络广告的信息传播效应主要依赖交互形式来实现，交互性与可选择性打破了传统广告的制约，构成了完整的信息传播过程。（图7-1～图7-3）在网络广告设计中，需要通过多样的交互形式设计来展示交互特性的魅力，对交互形式的研究，符合在传播中受众占有主导地位的要求，对广告信息的有效传播具有突出的作用与意义。

1. 需求性交互

网络广告的需求性交互是针对目标受众的需求，同时兼顾大众消费者而进行的交叉互动的设计形式。由于需求与受众的对应性决定了受众对信息的选择，因此，需求性交互设计主要集中于为受众提供选择的设计，具体来说如受众群组、信息分类、引导性链接设置等，这在前几章中都分别进行了分析阐述。总的来说，需求性交互设计首先要具有指向性，是对某种事物的需要，对象可以是具体的人或物，也可以是某个过程或结果。（图7-4）其次，是对需求共性及个性的把握，要了解需求共性与个性辩证统一的关系，它们是相互联系的，需求的个性需要在共性中得到体现，个性离不开共性，它们不是凝固不变的，在一定情况下会发生变化。也就是说对于需求性的交互设计要具有个性的特点，但不能执着地突出强调个性而忽略了共性需求，就是要在设计中既兼顾不同受众的需求，又能使目标受众的个性同时得到满足。再次，需求性交互设计要关注需求的层次性，从安全感到亲切感、从个人价值认同到理解认知、从审美到自我实

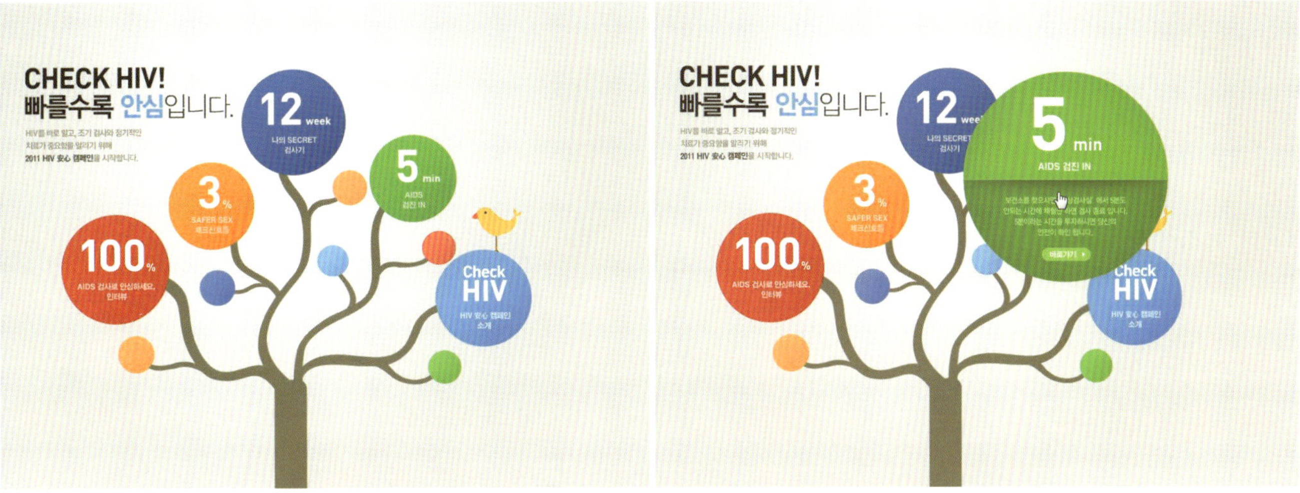

图7-1

图7-2

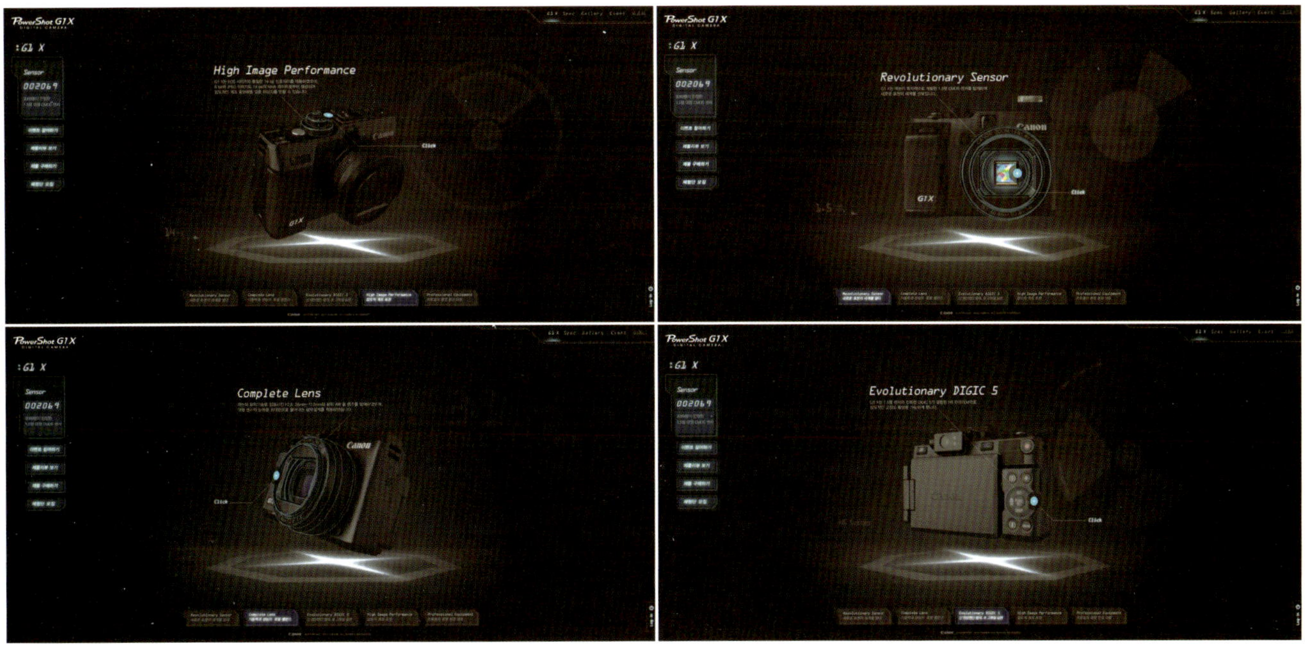

图7-3　该相机广告重点在实际操作体验的专区设置，用户可用鼠标拖拽机身作全方位旋转展示，当调整至关键信息点的角度时，画面会对重点区域有突出显示，提示受众可点击进入更多信息。

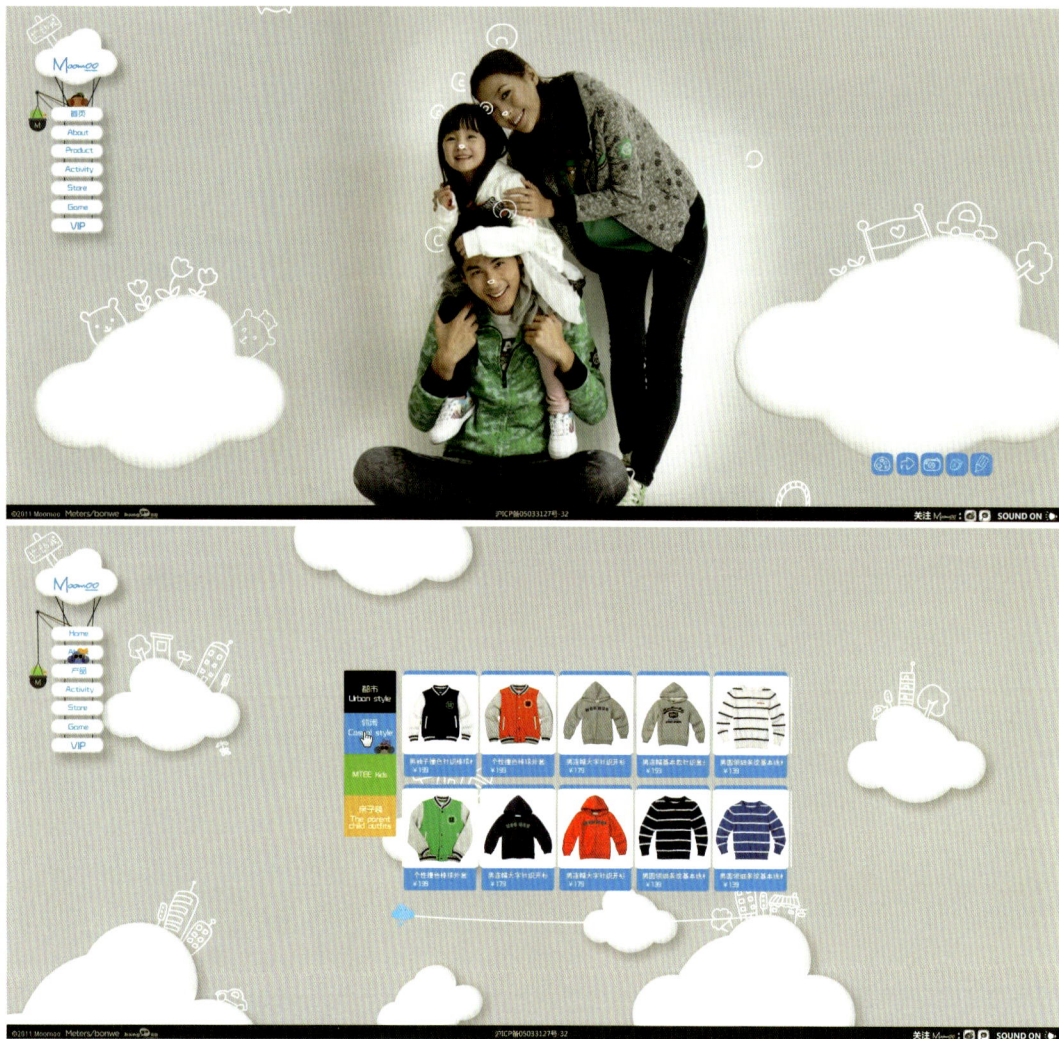

图7-4

现，由浅入深，使受众尽可能从生理、心理到精神的需求逐步获得层次性的满足，这种形式对受众在需求产生的不同阶段都具有行为的推动力，支持与维系交互过程的选择。（图7-5、图7-6）

2．趣味性交互

趣味性交互是维持受众注意力，使其保持兴趣与新鲜感，是对受众的一种欲望培养形式。交互形式的趣味性通过视觉互动以及行为互动两大方面来体现。首先是图示趣味，图形或图像在互动中的趣味性大多体现在某几个点上，应作为画面的增彩部分设计，例如，小型图标式的鼠标跟随、链接按钮的触动变化、身临其境的现场体验等。下列汽车广告的图示趣味体现鼠标指向图片或视频集合的几何形图框时，被指向的区域形突出显示，并呈立体造型，使画面有了空间感与实质感。（图7-8）

其次，交互过程的路线设置也能引起受众的兴趣。从一个信息页面到另一个信息页面、从一个分类信息区域到另一个分类信息区域，这中间的过渡与转换要自然流畅，通过链接的方式将信息串接起来，成为一个统一体。主页面作为信息分类的总汇处与中转站，可以成为趣味点设置的区域，各信息页面不是以单线串联的形式进行分层的，而是以主页为中心的发散式信息结构，整个信息是以动态循环的方式流动的。案例的主页就是一个趣味中心，它是对户外销售活动现场的模拟，将人们在户外现场参观的习惯作为信息分流的引导路线，使受众在体验过程中感觉更真实。（图7-7）还有就是广告内容要具有娱乐指向性，这是广告总体上能引起受众兴趣的点。总的来说，让受众感兴趣、能抓住受众注意力的互动形式不宜过多，否则反而会削弱形式的新颖性。趣味性的交互设计，其趣味性是在交互过程中体现出来的，受众通过参与获得结

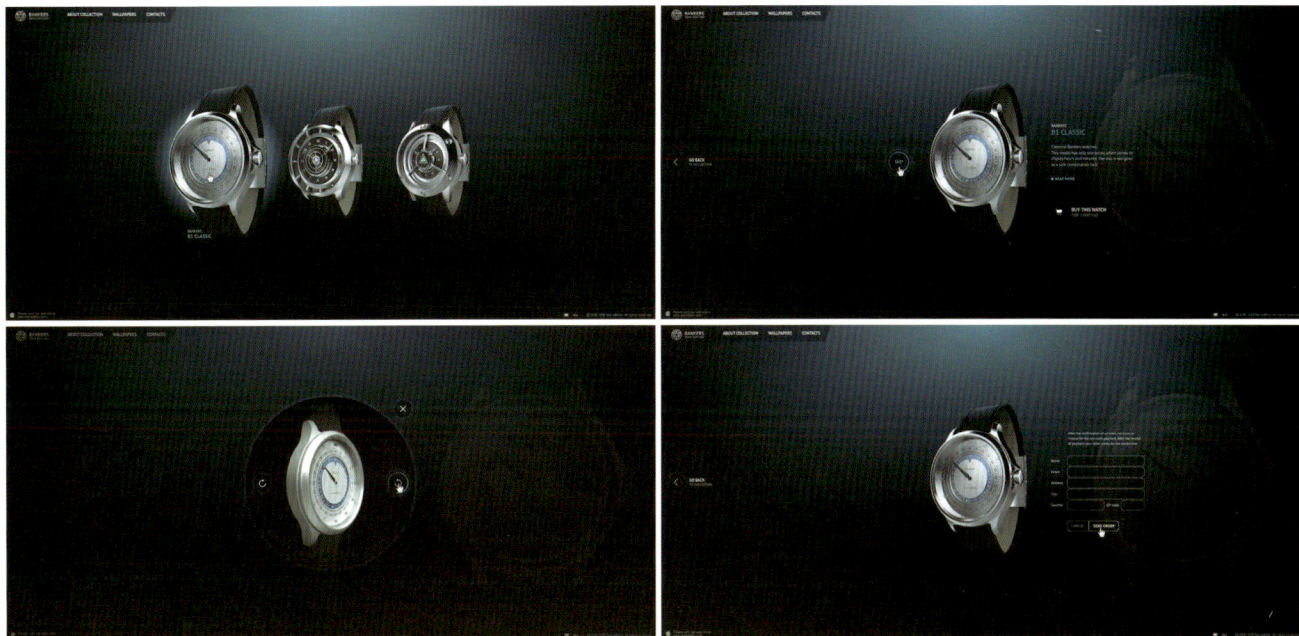

图7-5

图7-6

果，才能感受到其中的乐趣。如图7-8所示，运用鼠标的移动，从左至右完整地欣赏图像。

3．情感性交互

情感性交互要以最终达成与受众的心灵沟通为目的，这样才能真正打动受众。情感因素的产生与受众的需求密不可分，创造能够激发人情感的交互形式，最基本的就是审美对象创造的直观性和形象性，因为这样的创造是具有感染力的。同时，形式创造要能捕捉时代理念、能够营造出具有人情味的生活意象，让受众感受真切。情感的交互要具有层次递进性，不能急于一步到位，情感是通过渗透的方式传递到受众心底的。整个的交互过程中，受众从感官的愉悦到价值的体验，最后上升到精神享受的境界。这样的情感性交互形式，也符合了人们需求的提升，是一种对价值的追求和情感的依托。（图7-9）

图7-7

图7-8

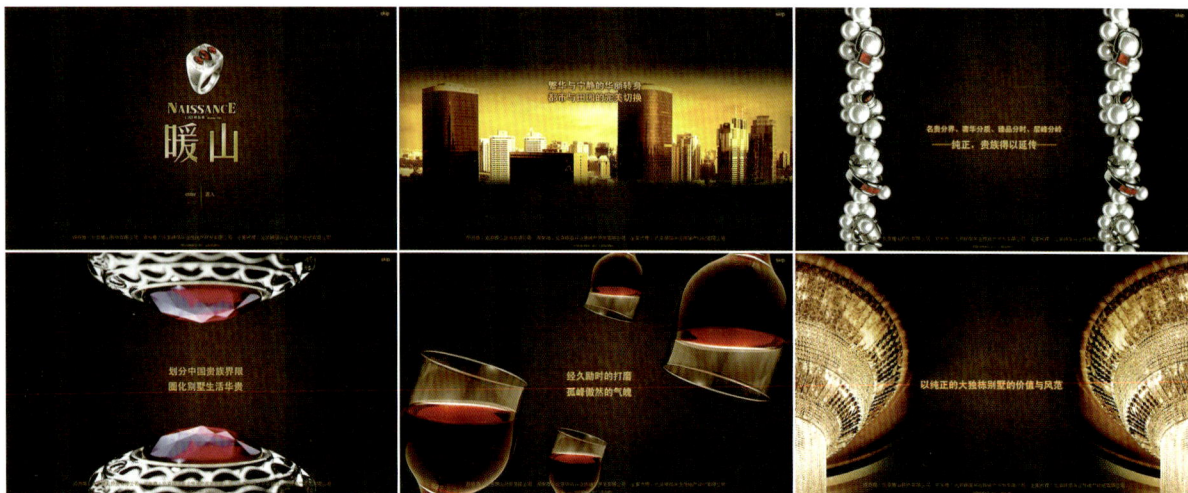

图7-9

二、网络广告的传达选择

交互形式是现代视觉信息传达中的一个重要的语言方式，所谓信息的交流与沟通即是如此。而应用不同的网络广告形式传达信息，从广义上包括一个系统向另一个系统之间传达方式的选择性，从这个意义上，传达也是设计的一种。也就是说，特定的信息是通过特定的选择方式来传达的。网络广告的传达选择通常有以下方式。

1．信息分层

网络广告具有时空延展性。与电视、广播广告相比，网络广告给予受众的选择时间充裕得多，受众停留的时间长短由其自身的因素决定。在空间方面，网络广告比电视、广播广告，户外广告，报纸、杂志广告等都更胜一筹。电视、广播广告由于时间的限制使得信息量必须受到控制，必须在短时间内尽可能地将最重要的信息传播出去，因此信息相对集中。而户外广告与报纸、杂志广告要受到空间和版面的限制，承载的信息量也相当有限。但网络广告的空间是可以拓展的，从版面来讲，在占领与报纸、杂志广告同样大小的版面前提下，网络广告可以从纵向扩展到二级信息页面甚至三级信息页面，这类似于产品信息的宣传册形式。有了足够的展示空间，网络广告就不必刻意地缩减信息量，并且可以将信息分类，让受众有了思考和选择的余地，因此，主页面的广告信息是引导信息，向受众提供思考所需的信息居于次页面。信息的层次性特征提供给信息一个构架，网络广告根据受众的兴趣爱好和需求的差异，将信息进行归类后，分别载入相对应的页面和栏目。受众可以自主地选择能满足自己需求的信息，在信息归类正确、条理清晰的前提下，受众就能直接准确地找到目标信息的所在，避免不必要的信息干扰。

在视觉形态构成上，受时间与空间条件限制的广告形式，如果需要在有限的范围内尽可能大地输出信息，就需要具有较强的视觉或听觉冲击力，以此来吸引受众的注意力。这种冲击力的创造有的是靠强有力的色彩对比，有的是用音效的刺激，还有的会是靠镜头的频繁切换，这一类广告形式的设计基本都以吸引受众注意力为主。（图7—10）

而网络广告是以保持和引导注意力为主。网络广告的信息分层，将广告的诉求点分散在了不同的区域，因此不用急于在一出场就把所有信息都抛出来，开场画面是简洁明快的。首页信息作为引导信息，不一定要用具有过分强烈的视听刺激来拉拢受众，页面具有突出的视觉中心，形态构成在受众的心理上形成一种期待或者好奇，保持一种上升的趋势，就能触发受众想进一步了解详细信息的欲望。对于次页面，它们包含的信息实际上是首页信息的细化，因此次页面的信息量相对较大，信息的合理布局直接影响信息沟通的有效性，多层信息之间具有相对的连贯性，其关系是统一与变化并存的。

2．主题递进

主题的递进是建立在信息分层的基础上的。网络广告将主题信息分解于不同的层面进行传达，但由于网络广告能够承载的信息量大，信息集中传达的效果并不会比分散后强。因此，受众在通过网络广告的交互形式所进行的信息沟通过程中，获得的是对整个过程的总体感受，这种总体性不同于

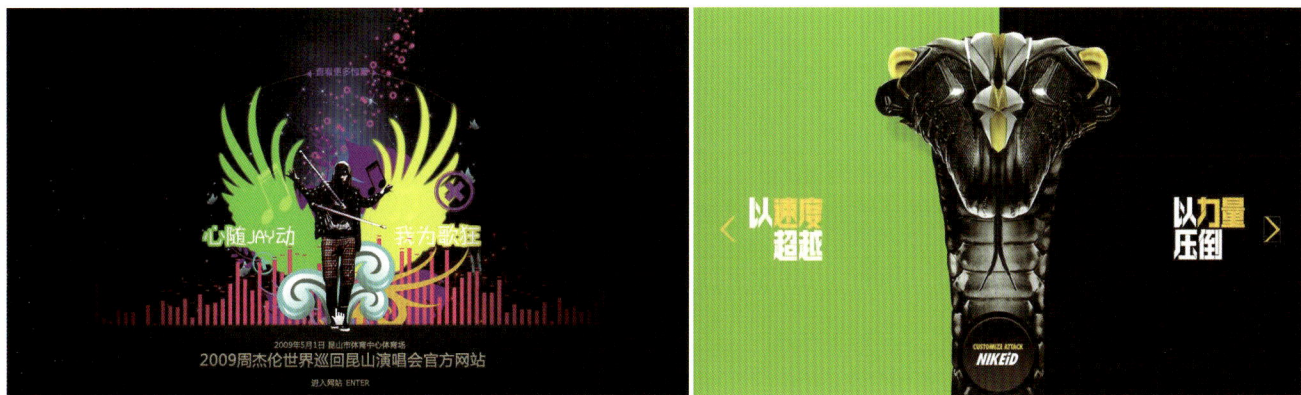

图7—10

一个点位的性质，而是一种阶段性的总结。

信息的分层是主题信息的分类呈现，是从不同的角度对主题信息进行阐述。其分类方式依据受众的差异性来确定，不同的人具有不同的兴趣爱好，不同的需求决定了不同的目标关注，不同的认知水平决定了不同的理解能力。分层信息能够更好地针对其目标受众，投其所好，帮助目标受众理性思考，在充分理解的基础上对其作出判断和评价。在这一方面，网络广告的信息组织形式使信息的传达更为完整和准确。信息从传播到被接收的过程是一个循序渐进的过程，通过主页面到次页面再到更深层次页面，信息逐步细化，这也是受众的认识逐步向主题思想递进的过程。

3．目标引导

所谓目标引导，是对目标受众有目的的引导。因此，起引导作用的形态创造与组织构成都以对目标受众的分析为前提。有了清晰的层次信息划分，信息主页面的导航就很重要，在网络广告中，我们总是从这里开始寻找浏览路程的起点，受众群体也从这里开始分流。画面形式构成与版块分割并不是一味地追求视觉效果，主要的功能是为了强化信息的划分，主次有序，使受众一目了然。分类信息会在这里做目录式的呈现，受众通过对标题式信息的理解来选择符合自身需要的信息页面链接，实施其点击行为。（图7-11～图7-13）

分类信息页面是目标受众自主选择的信息空间，是依据目标受众的需要和喜好创造的信息空间，还反映分类信息主题的个性特色。每个分类信息都拥有属于自己的序列页面，也就是说，按照信息分类的不同，页面设计也具有相对应的类型性划分，但同一类信息的分页页面是具有整体性的。从整个广告形式来看，这些分页页面又都从属于主页面，是主题的延伸和展开，因此同时会保持某些元素与主题页面的一致性。受众在互动过程中既顺利地获取

图7-11

图7-12

图7-13

了目标信息，同时又经历了视觉的享受和心灵的愉悦。（图7-14）

另外，受众的行进路线设置也是一种引导性设置，可以是单向的，也可以是双向的，还可以是循环的。单向路线目标性很强，受众往往只接触到自己感兴趣的分类信息；双向路线是迂回的，在了解了一种类型信息后返回到主页面，给受众提供了再次选择的机会，是一种信息推荐的方式，使各类信息被接触的可能性增大；循环路线则较全面，无论受众选择进入哪个分类信息页面，当到达该类信息序列页面的最后时，引导进入下个分类页面，以此类推，直到最后一个分类信息页面的序列结束再返回主页面，这种路线模式主要应用于信息分类少的网络广告。

三、广告的交互设计

网络广告的交互形式需要受众的参与才能发挥实际的作用，因此对受众感召以实现点击的设计就相当重要。根据康斯托克的心理模式，对一个行动的特定描述可能导致受众学习那个行动。对个人来说，这种描述愈是显著（即这一行动在个人所看到的全部广告中愈突出），就愈具有激发力。

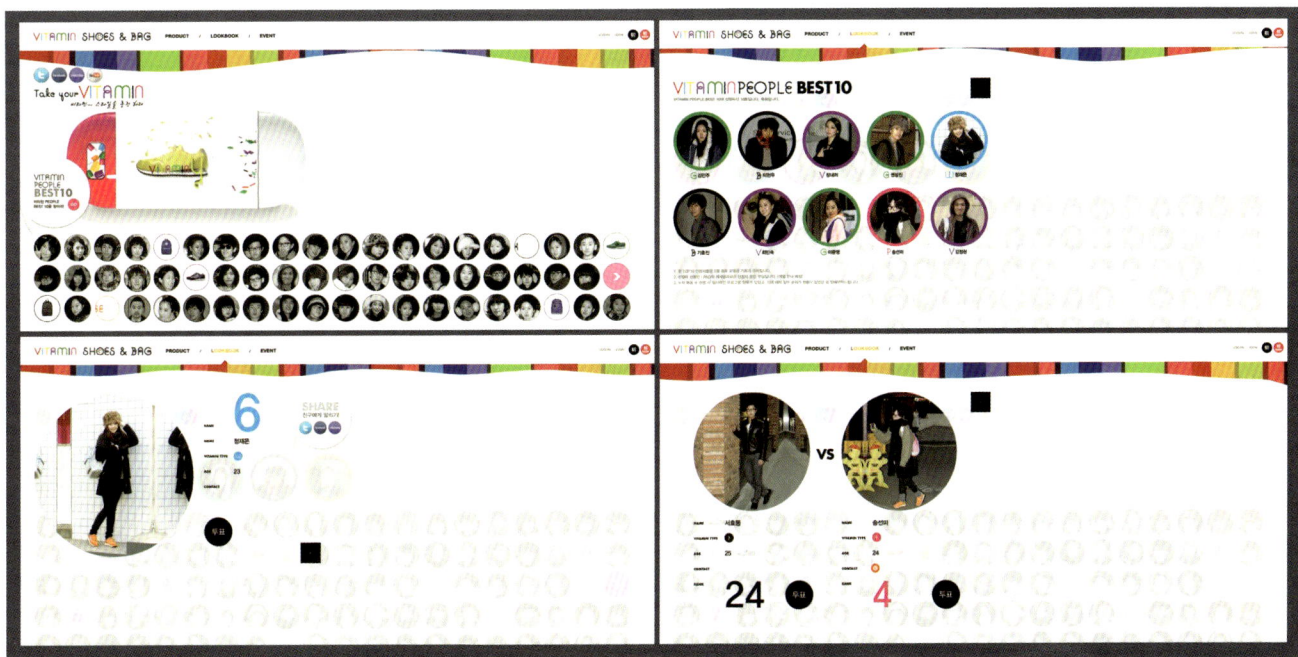

图7-14

1. 专题区域设置

在网络广告中可以设置专题区域，通过对某个行动的特定描述来引导受众点击。专题区域是对主题的深入，要有别于其他分类信息，内容应该更细腻、详尽。奥迪汽车广告的专题区，就是对该款车型的深入解剖，包括了产品配置、产品性能、相关新闻和资源共享。主要针对的是目标消费群体，但也兼顾了大众对深入信息资源获取的兴趣。（图7-15）

2. 情节链接设置

网络广告可以制作成动画，这样它就可以像影视广告一样，表现一定的情节。情节的设置是使广告总体节奏富于变化的手段之一，其目的是带领受众的情感随之变化起伏。这样的设计形式，往往是出乎意料的，容易吸引受众的注意力和好奇心，心理和思维都能紧跟情节的发展，以期待结果。恰到好处的情节设置，能使受众获得信息的认同感，达到更好的广告效果。奥迪广告中的情节就是围绕"旅程"展开

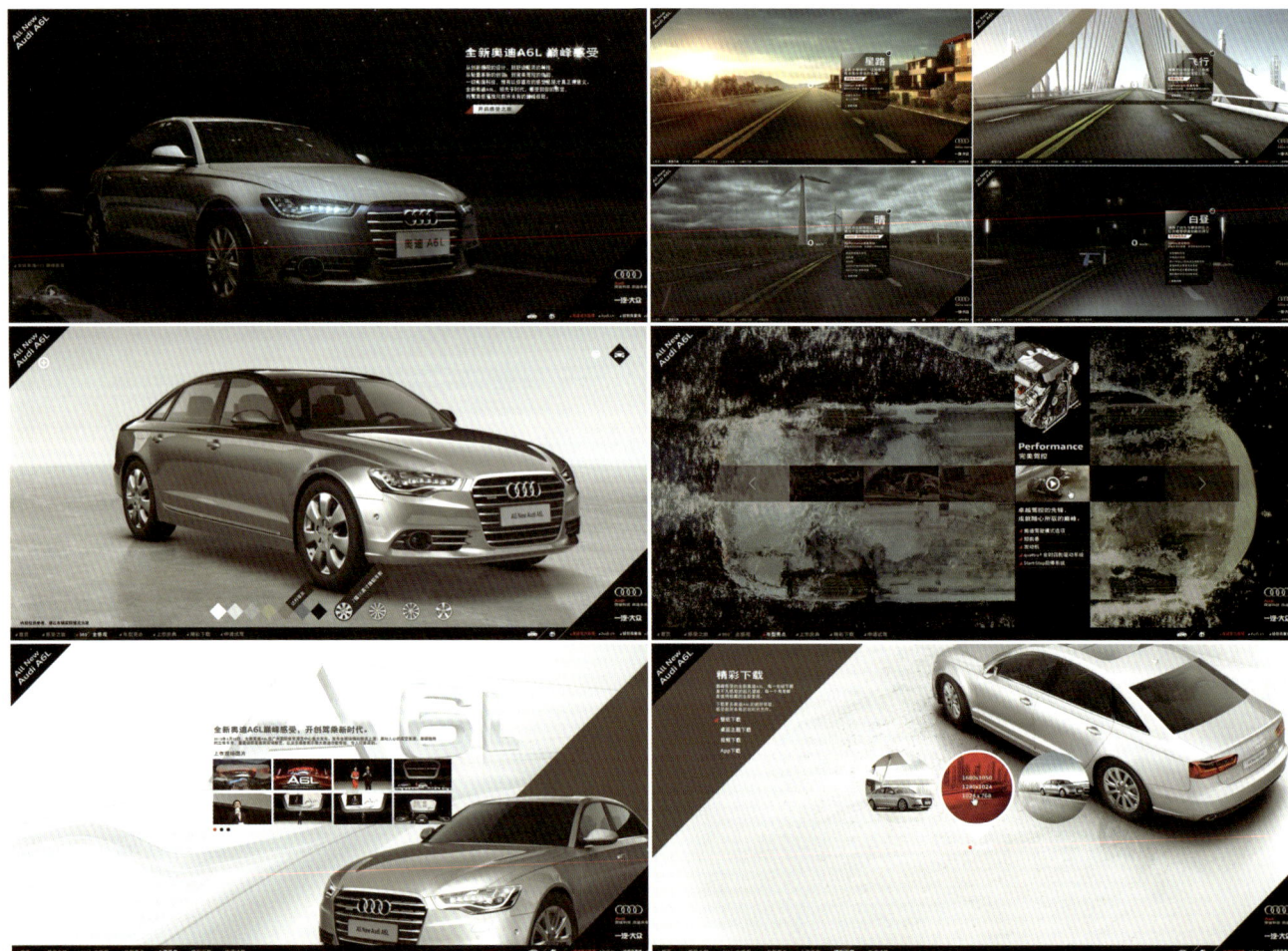

图7-15

的，其旅途中的情景设置，在展示汽车多路况中良好表现的同时，也表达了奥迪"无论风雨都与您同行"的主题。（图7-15）

3．音画共生设计

网络广告设计元素的选择是多样化的。大部分专题性的广告网页，除了视觉形式呈现，还会有音乐形式的运用，使网络广告形式更为饱满与立体。从色彩的情感性表现中我们了解到，对于刺激物的感应，我们能形成一系列的感应结果，这些结果间有着本质的联系。同样，音乐形式也能有视觉画面的呈现。我们能将听到的各种声音或对音乐形式的联想与想象和某种形状、色彩、形式对应起来，因为它们能唤起同样或类似的情绪感受。因此，音乐形式与视觉形式的结合能加强网络广告的情感表现力。鼠标的接触或点击、形态的变化、声音的回应是个整体的动作，向受众传达点击是否有效的信息，是建立受众点击信心的方式之一。案例广告配以高质感的华丽音乐，也极富动感与时尚感，车身造型和气质体现与音乐形式配合得恰到好处，总体上提升了产品的品质感。（图7-15）此外，网络广告的互动形式具有选择性，声音与画面是处于不同层面的关联。音效可以具有自己独立的开关，受众可以自行决定当下是否需要音乐形式的陪伴，这样的互动设计是具有人情味的，从形式上增加了表现的丰富性。

4．时尚氛围营造

富有情感的广告更易激发人点击的欲望。通过色彩、文字、图形图像、音效、构图等手段营造氛围，使观看的人产生某种情绪，正面的情绪可以使人们接受并点击广告，从而接受广告所推出的服务或产品。网络广告应该设法提高情感效应，善于认识、发挥甚至赋予适合的情感，营造出使受众能产生共鸣的氛围。对于中高端的目标消费人群来说，奥迪的互动网络广告从整体上营造了时尚、内敛、高雅的氛围。大多处于事业有成的年龄层次，正好迎合了其理性、有潮流意识但不张扬的个性特点。明快干练的设计风格与雅致的色彩搭配，是对品位的彰显，让受众在互动过程中获得身份与地位的认同感。同时，户外体验的生活化气息中和了高调的气氛，调和了目标人群的个性与大众之间的需求差异，使该网络广告的受众面得到扩展，针对和满足了目标受众的同时又兼顾了潜在受众的需求。（图7-15）

总之，在网络广告设计中，围绕满足目标需求为中心、达成有效沟通与情感交流为目的的互动设计，是体现网络广告的新媒体特性以及信息传播优势的关键。从视觉、心理、精神多方面综合理解网络广告的互动形式效应，把握感性与理性相结合的思维方式，以理论指导实践，在实践中实现创新。

思 考

1.怎样把握需求性互动设计中受众需求的层次性？

2.互动形式的趣味性通过哪两个方面来体现？

3.怎样的情感性互动形式才是符合受众需求提升的有效互动？

4.音乐形式如何与视觉形式有效结合，才能起到强调网络广告作品情感表现力的作用？

实 践

主题：网络广告的互动设计

形式：设计一则游戏广告

设计要求：

1.制作鼠标的动作。当鼠标光标移入画面时，鼠标要发生变化，以及当鼠标移动到可点击区域时，被点击对象要发生变化。

2.制作声音。给广告制作一段背景音乐，为鼠标动作配上声音。

设计指导：明确网络广告的互动元素是广告主题设计的一部分，对互动的设置应该围绕主题表现来展开，切忌喧宾夺主，互动的目的是为了更直观地展现广告所推广的内容，让受众直接体验，在更为轻松愉悦的过程中主动接受信息的传达。因此，互动设计要充分考虑大众的需求性心理。

优秀网络广告赏析

趣味性交互是维持受众注意力，使其保有兴趣与新鲜感，对受众的一种欲望培养形式。如上图，驾云的卡通人物设置为鼠标跟随，使用户对它的兴趣油然而生。

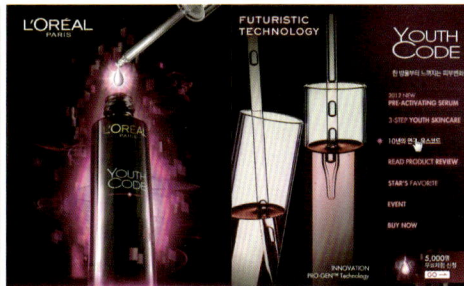

鼠标移动到可点击链接区域时图片或文字会突出显示，这样不仅使网页生动，而且增强了广告与观众的互动，提起了观众进一步了解的兴趣。

信息的层次性特征提供给信息一个构架，网络广告根据受众的兴趣爱好和需求的差异，将信息进行归类后分别载入相对应的页面和栏目。受众可以自主地选择能满足自己需求的信息，在信息归类正确、条理清晰的前提下，受众就能直接准确地找到目标信息的所在，避免不必要的信息干扰。

这是一个简洁明快的网页，画面顶部分类页面链接仅由几个按钮组成。但它的特别之处在于，当鼠标移到按钮上时，不仅出来关于内容的提示，按钮还会成为可爱的卡通形象动态图标，异常活泼生动，给人精致、亲切的感觉。

具有大自然亲和力的网页，当鼠标移动到画面上的圆形图标时，图形外围出现品种及色泽丰富的纯天然原料，给人以心理上的暗示。

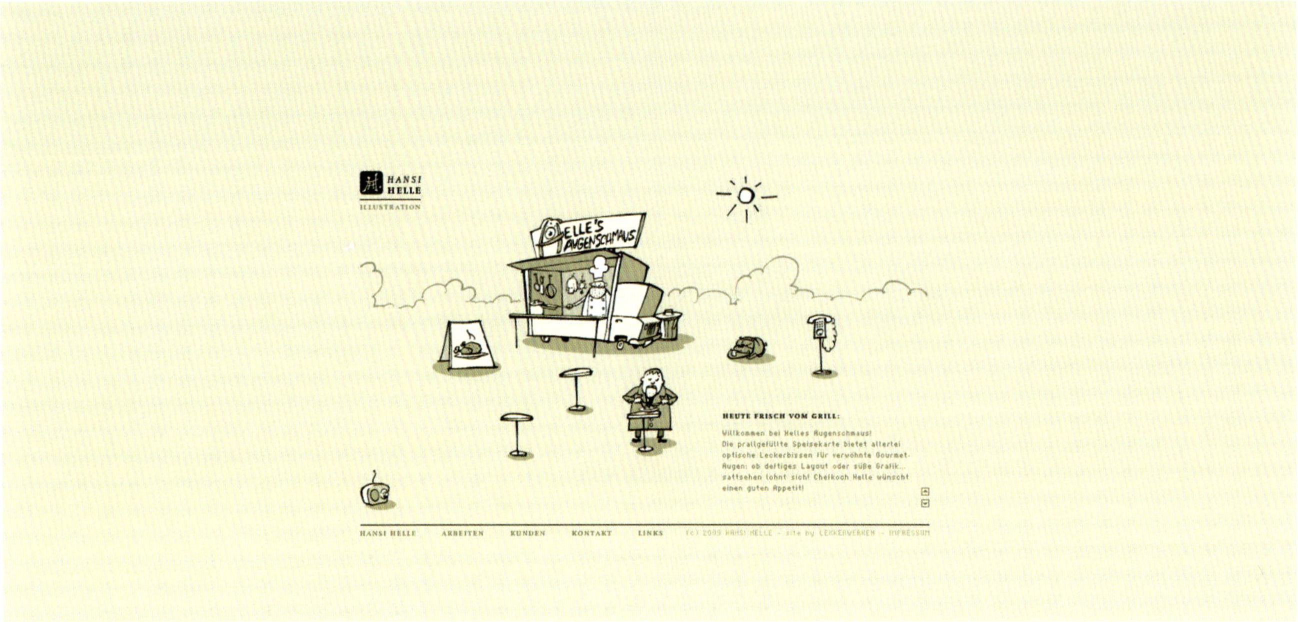

这是一则非常棒的网络广告，它以简单动画的形式很好地实现了信息的传达。画面上帐篷、厨师、顾客、小狗、电话在鼠标移动、点击后都会有意外的惊喜。如下图所示，鼠标移到帐篷上会蹿出一只小动物，点击则出现关于它的介绍。网页伴随着个性夸张的配音，让人对其爱不释手！

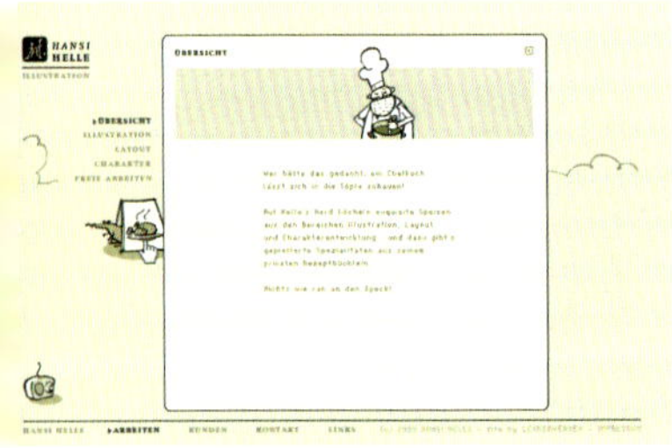

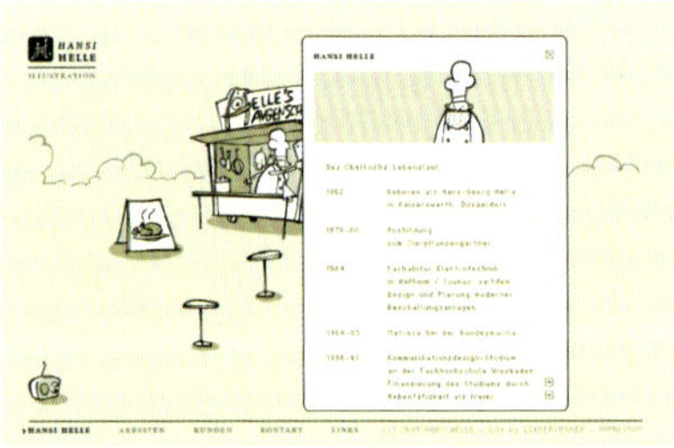

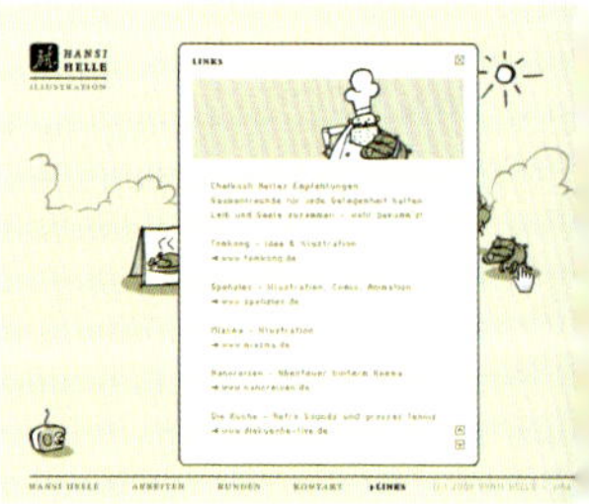

第八章

网络广告的教学形式案例解析

图8-1 罗宾汉服饰网络广告 www.robinhood.com.cn
网络广告形式的多样化，使广告作品成为作者的"代言人"，不仅仅是要将内容复述出来，也要代替作者通过视觉形式来传达情感；同时作为审美对象，具有能唤起受众审美意向的感染力和情感激发的作用，主动提升广告的点击率，使广告信息得到有效的传播。

图8-2-1～图8-2-4 NIKE服饰广告　www.nike.co.kr/sportculture/
网络广告的视觉要素可以刺激观众的注意力，它受到客观因素的影响，如形的运动状态、大小、色彩以及光
线效果等。本案例中，画面中的单个体会随鼠标移动而发生相应的变化，呈现视角的轻微变化及被触发目标
的装饰效果，但始终保持主体整体形态不变。

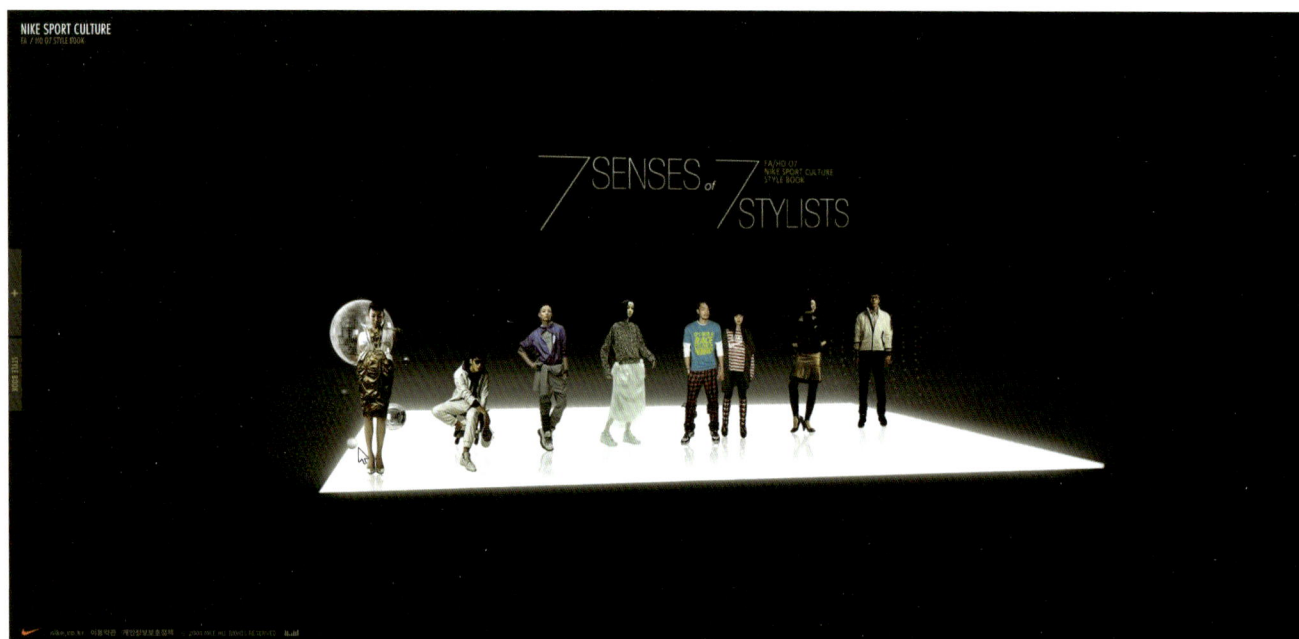

图8-2-1

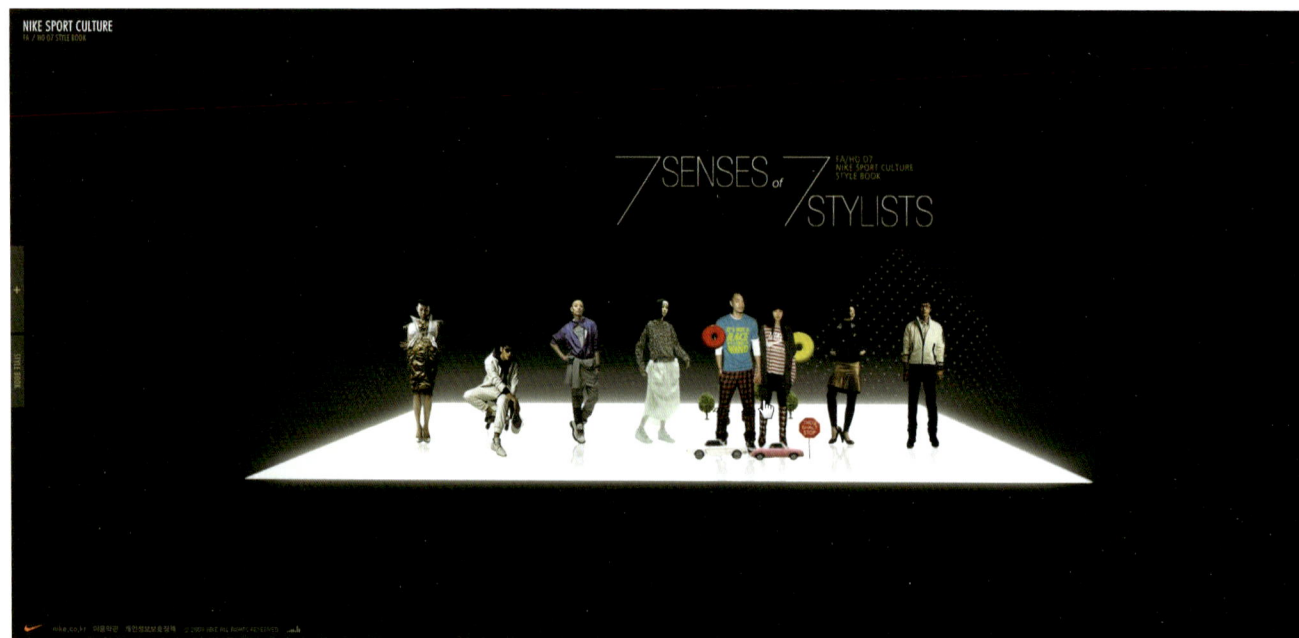

图8-2-2

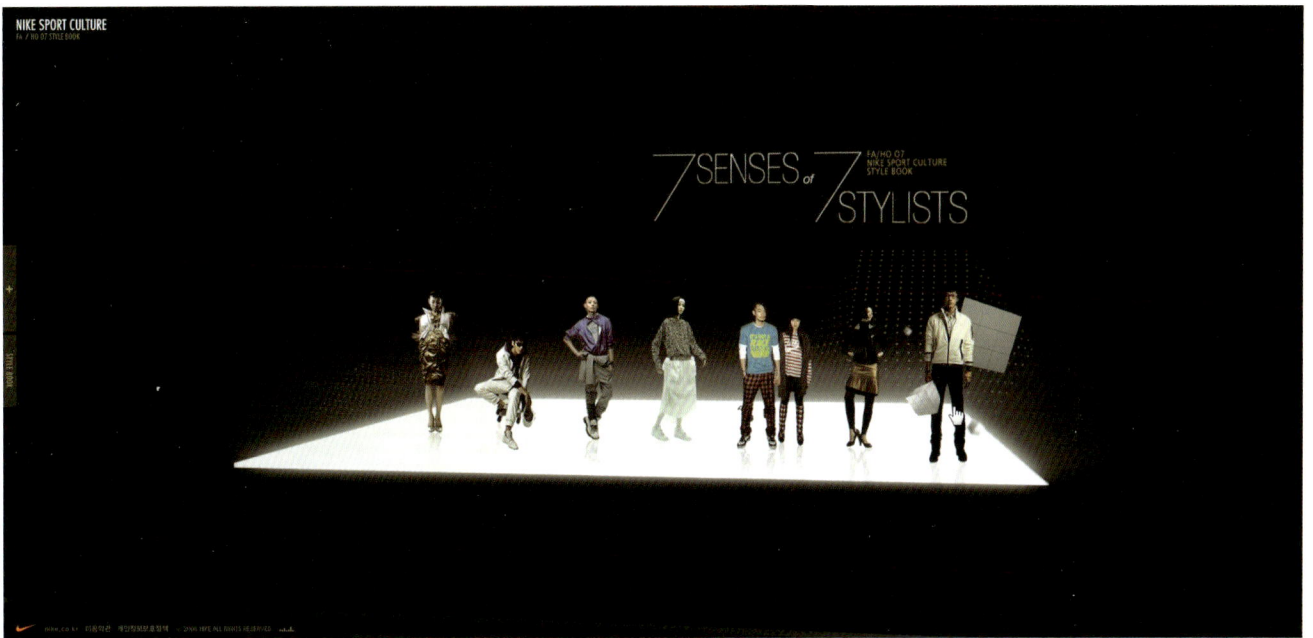

图8-2-3

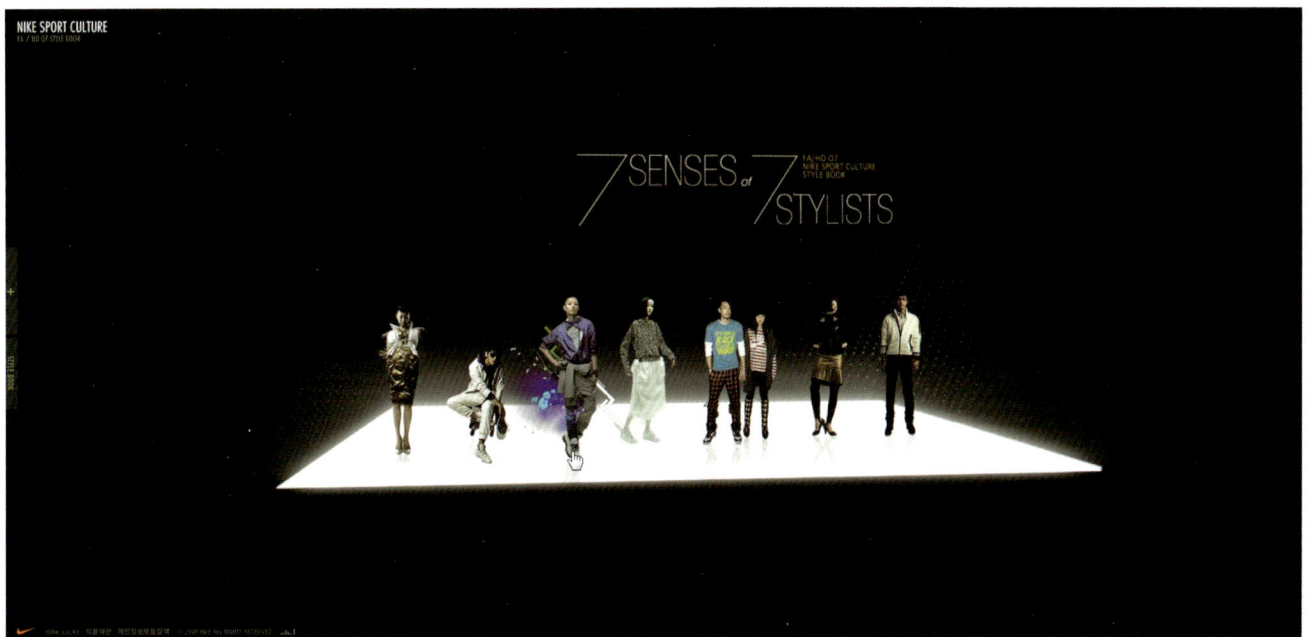

图8-2-4

图8-3 北京汽车E系列广告　e.baicmotor.com
网络广告的视觉条件因素包含五个方面的内
容，即数量、方位、动静、光线以及动画。这
五个方面成为网络广告构形的基础，其中前四
包含着形态的组成规律，而动画决定着形式的
风格以及赋予形态的意义。如这则案例中各视
觉形态也都在强调产品的意义特征：绚丽、动
感、可靠、速度。

图8-3-1

图8-3-2

图8-3-3

图8-3-4

图8-3-5

图8-3-6

图8-4-1

图8-4-2

图8-4-3

图8-4-4

图8-4-1～图8-4-5 AHS互动广告　www.thebigburn.ca
网络广告的交互性设计首先体现在交互过程的路线设置，也能引起受众的兴趣。从一个信息页面到另一个信息页面、从一个分类信息区域到另一个分类信息区域，这中间的过渡与转换要自然流畅，通过链接的方式将信息串接起来，成为一个统一体。主页面作为信息分类的总汇处与中转站，可以成为趣味点设置的区域。

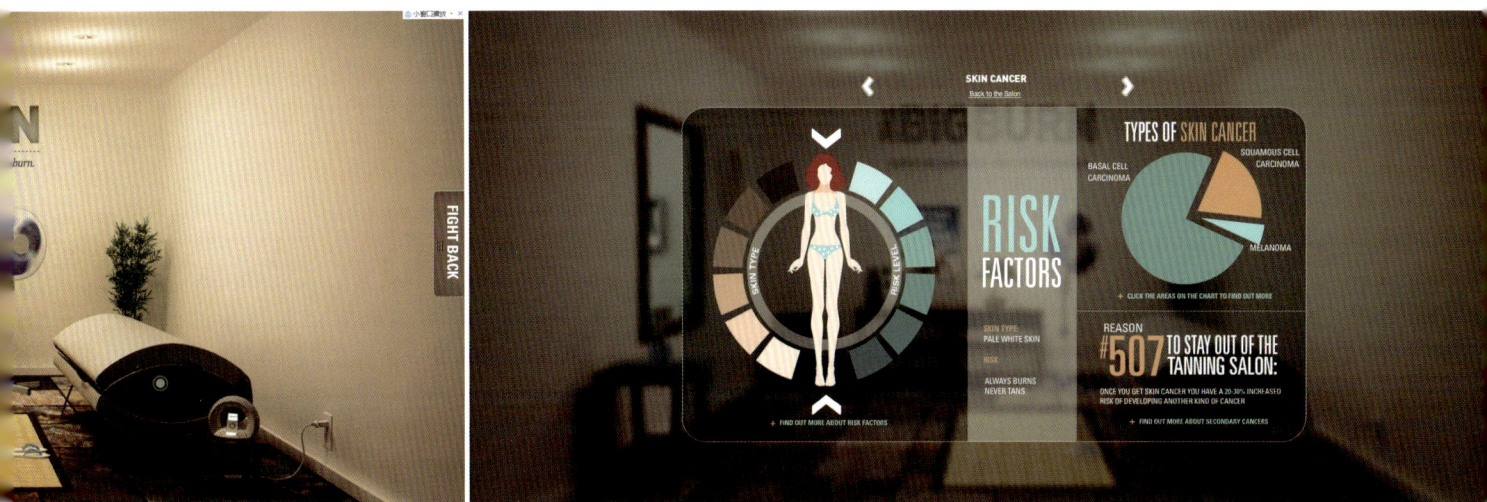

图8-4-5

图8-5-1

图8-5-2

图8-5-3

图8-5-1~图8-5-6 中国风 www.leguan.cn

网络互动的过程也是使受众在视觉、精神上体验的过程，是潜在性需要不断被激发又不断得到满足的过程，认知是在此过程中得到最终完善的。因此这样的认知形式，让人们不断在互动过程中寻找符合某种需要的对象，能够不断获得满足感是支持行动上持续下去的动力，所以网络广告的视觉形态构成要从精神和物质两个方面满足受众的需要，使其在获得目标信息的同时得到身心的愉悦。

案例由一条鱼开始，最后随着观众的互动演变成包含信息丰富的网络广告。

图8-5-4

图8-5-5

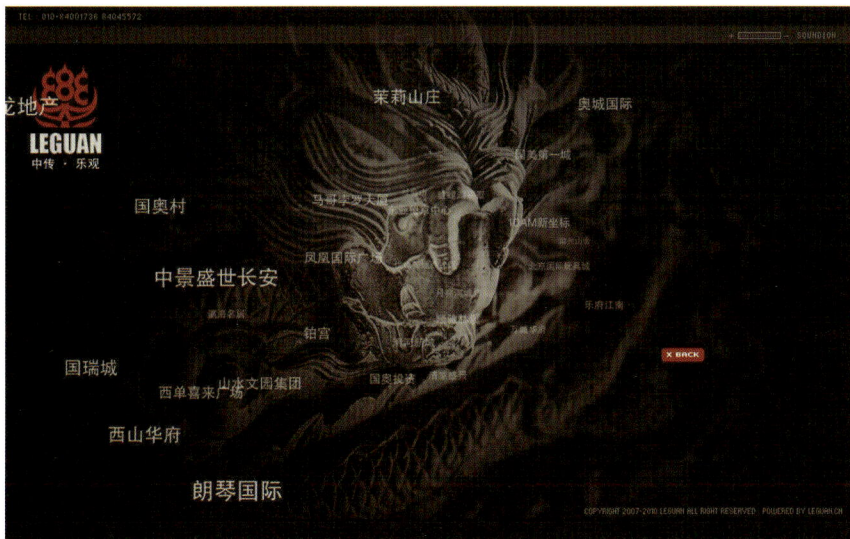

图8-5-6

图8-6 剃须膏广告　www.shaveguard.com
网络广告的多画面形式，在符合单画面的视觉流动与整体平衡的同时，各画面间还有密切的联系，这不是孤立、生硬地拼凑画面，实际上是对总体的多方面的展示。这则广告，各画面都有自己的视觉中心，这个中心要强调突出的是整个广告的信息中心，信息中心不受画面构图变化影响，贯穿始终。各画面在以下几个方面的因素保持一致：对称性、平衡关系、节奏、色调和背景。这样保证了在多画面的交替中，主题信息不流失，做到了变化与统一相结合。画面的动力结构与形态组合的整体性得到延续，感受到流动过程中视觉的步步强化。

图8-7 奥迪汽车的网络互动形式广告。

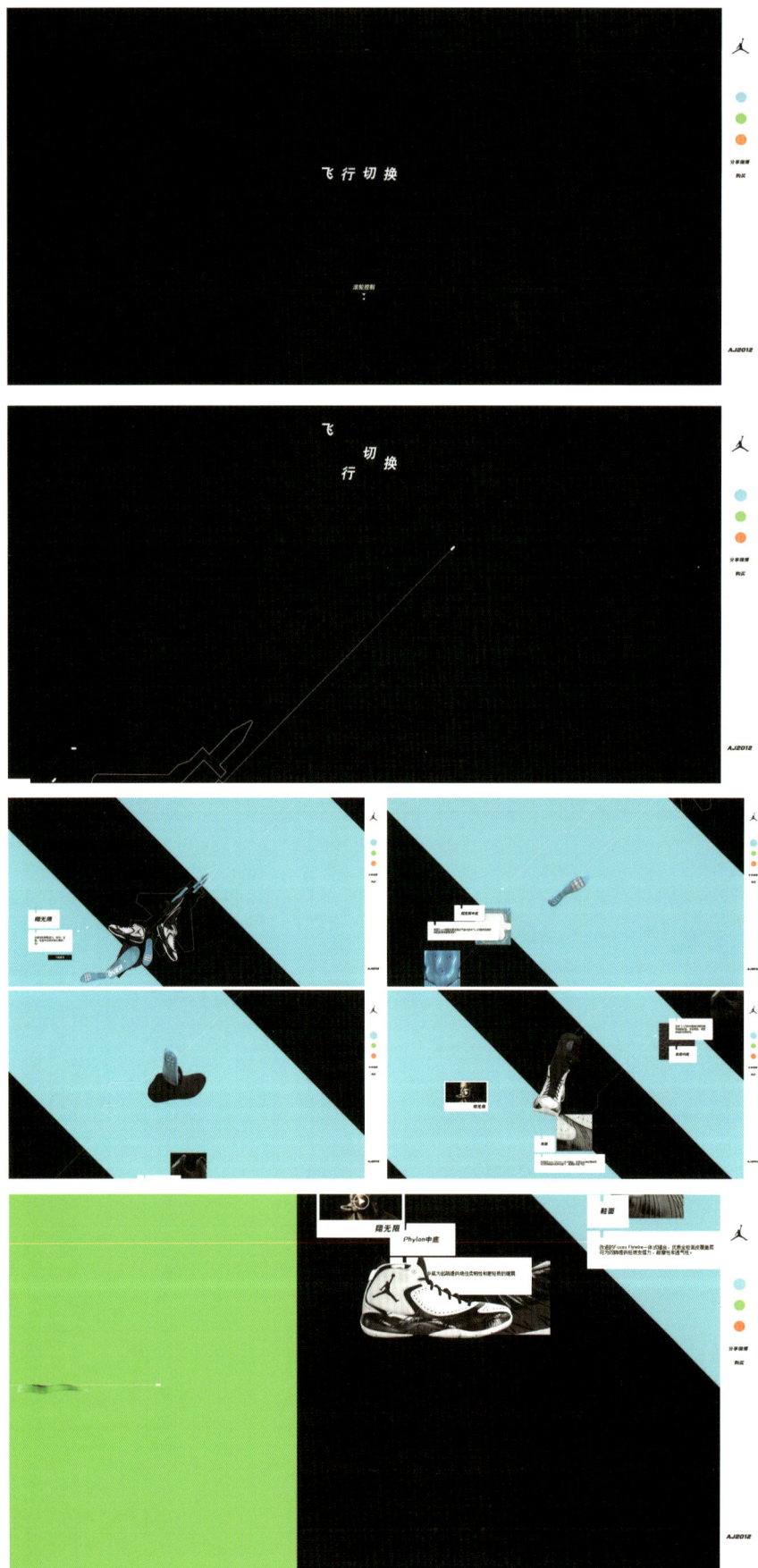

图8-8 JORDAN运动鞋广告　www.nike.com.cn
互动形式的网络广告，其视觉条件因素会受到客
观影响，形的运动状态、大小以及光线效果在互
动过程中都会发生相应的变化。以这则运动鞋的
网络广告为例，画面的播放依靠鼠标滚轮控制前
进或后退，画面随之活动起来，再用色彩区分出
三大板块中的产品，是分别以不同的飞行方式移
动，使单纯的滚动鼠标键的操作有了自由驰骋的
体验。在此过程中，鞋与背景图案、信息介绍、
装饰线条之间的组合变化十分丰富，但其画面的
总体结构和态势始终保持不变。

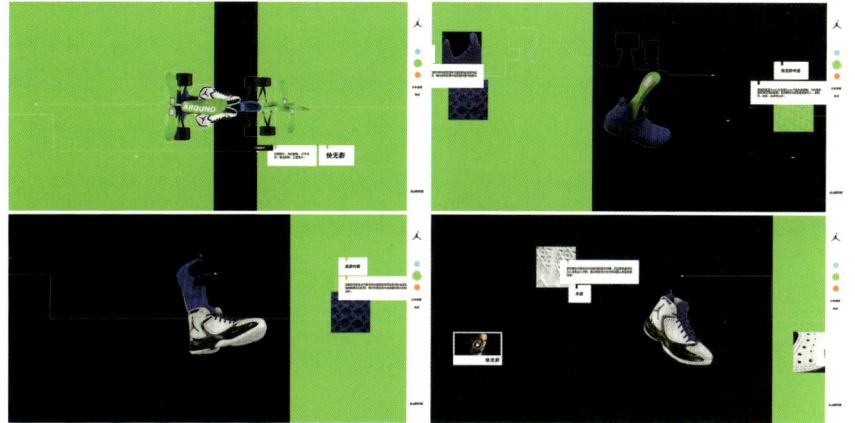

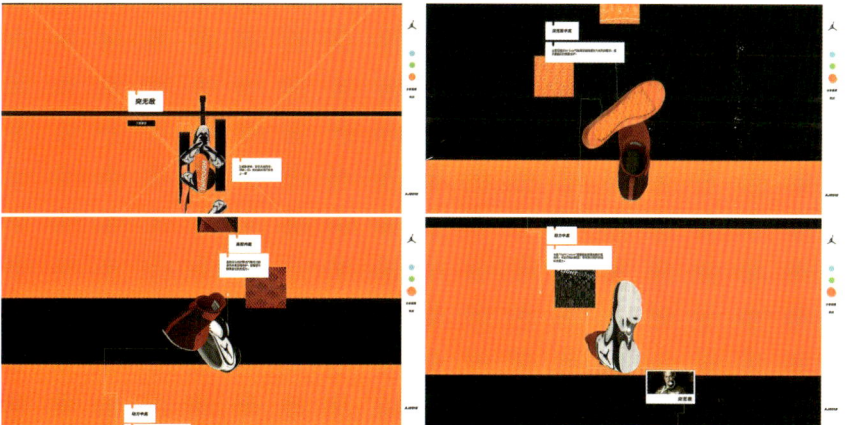

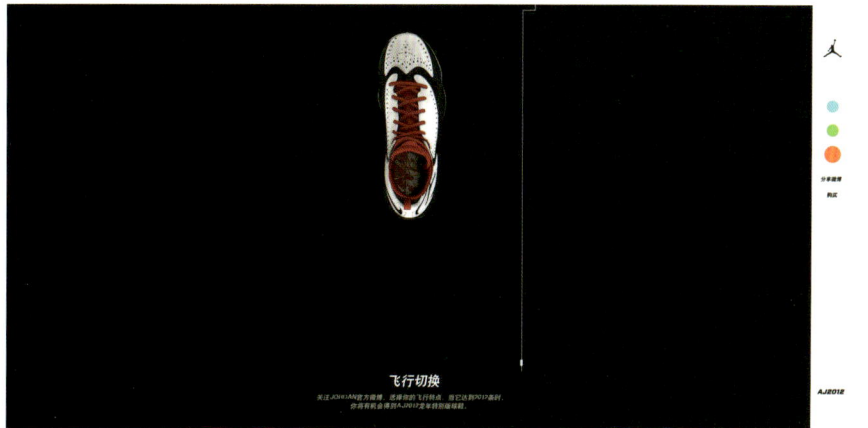

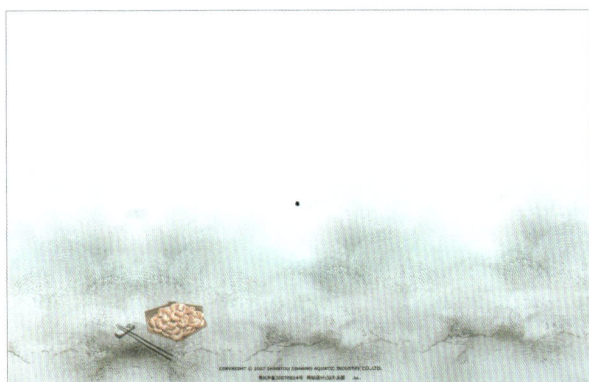

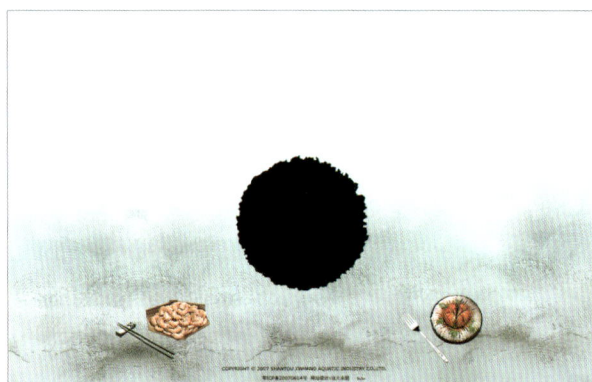

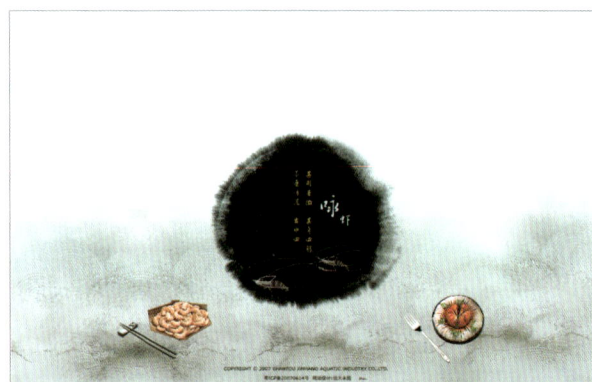

图8-9 广东金航食品有限公司网站 www.chineseshrimp.com

视点的运动,除了以观众眼睛作为运动的出发点以外,还可以以画面中一个运动的物体作为视点跟随的对象。在网络广告中,视点跟随的对象往往就是信息点,要作为视点跟随的对象,在运动速度、形状、大小、色彩、肌理的对比方面都有要求符合人的视觉习惯,在画面中能突出成为重点的运动对象往往被作为视点的跟随对象。除开视觉重点关注对象,其余的运动对象的构成都以之为中心,为其服务。

缓冲画面的娱乐性互动

图8-10 利用应用姚娱乐情趣的网络互动广告。

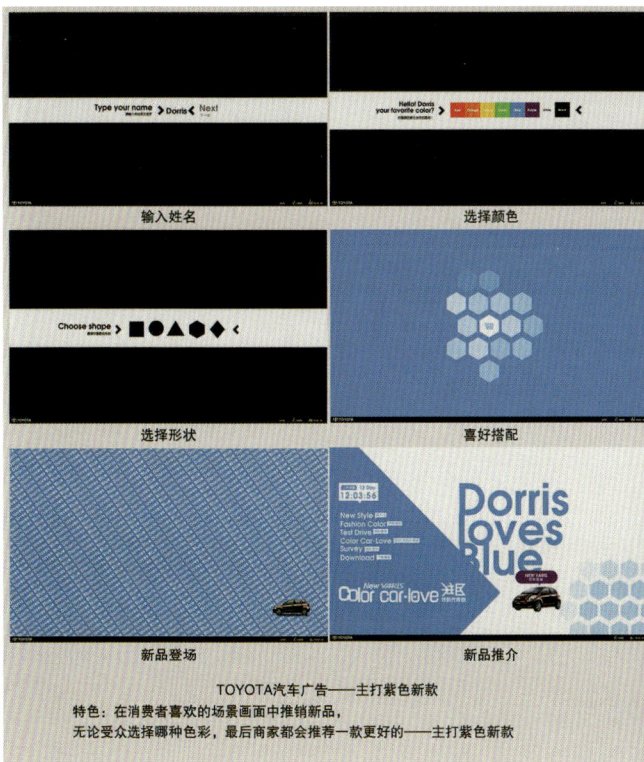

TOYOTA汽车广告——主打紫色新款
特色：在消费者喜欢的场景画面中推销新品，
无论受众选择哪种色彩，最后商家都会推荐一款更好的——主打紫色新款

图8-11 利用需求关怀的网络互动形式广告。

图8-12 利用触景生情的网络互动形式广告。

图8-13 咖啡广告www.nespresso.com

网络广告设计应用视觉"力象"，来诱发情感因素，是通过画中形与形之间相互重合或以点、线、面间的共用形来构成视觉流动趋势沟通现实和幻想，给人以真假虚实的奇特印象。这种组合再生的方法，实际是先对各类不同事物的分割再进行有机的重组构成。图形的重组同构，要使简单的图形产生新的趣味，并表达出含有双重或多重意义的内容，不断从旧的主题中发掘出新的概念，以创造出客观世界中不同的奇异形象。如本案例中的浓郁咖啡香气就化身为花瓣，在不同场景中扮演了不同的角色。

【要捷订购，体验完美互动】DOMINOS 轻松制作个性PIZZA

BFD BUILDER / 堤狮亮

BFD Builder网站创意独特新颖，打破一贯的快餐订购模式，用户不仅可以根据自己的喜好定制属于自己的PIZZA，而且还能身临其境体验当PIZZA师傅的感觉。它的操作简单，只需在其网站调理出个人喜好的口味再将订单发送给Dominos，30分钟后PIZZA就送到您门口了，让你足不出户就能体验美味的PIZZA。另外，用户在网上订购了PIZZA后，便可以通过跟踪系统（Pizza Tracker），随时了解关于披萨的制作进度，无形中使得用户体验了Pizza制作全过程。

BFD Builder网站与用户的互动可以让公司搜集到更多顾客偏好、口味等，为后期的市场活动提供相关数据，制定更好的营销方案来达到市场目标。无论从外观上带来的视觉享受还是轻松快捷的订购模式都无一不引诱着消费者，可以说DOMINOS创造了一个美食订购经具。

图8-14 利用视觉心理感应的网络互动广告。

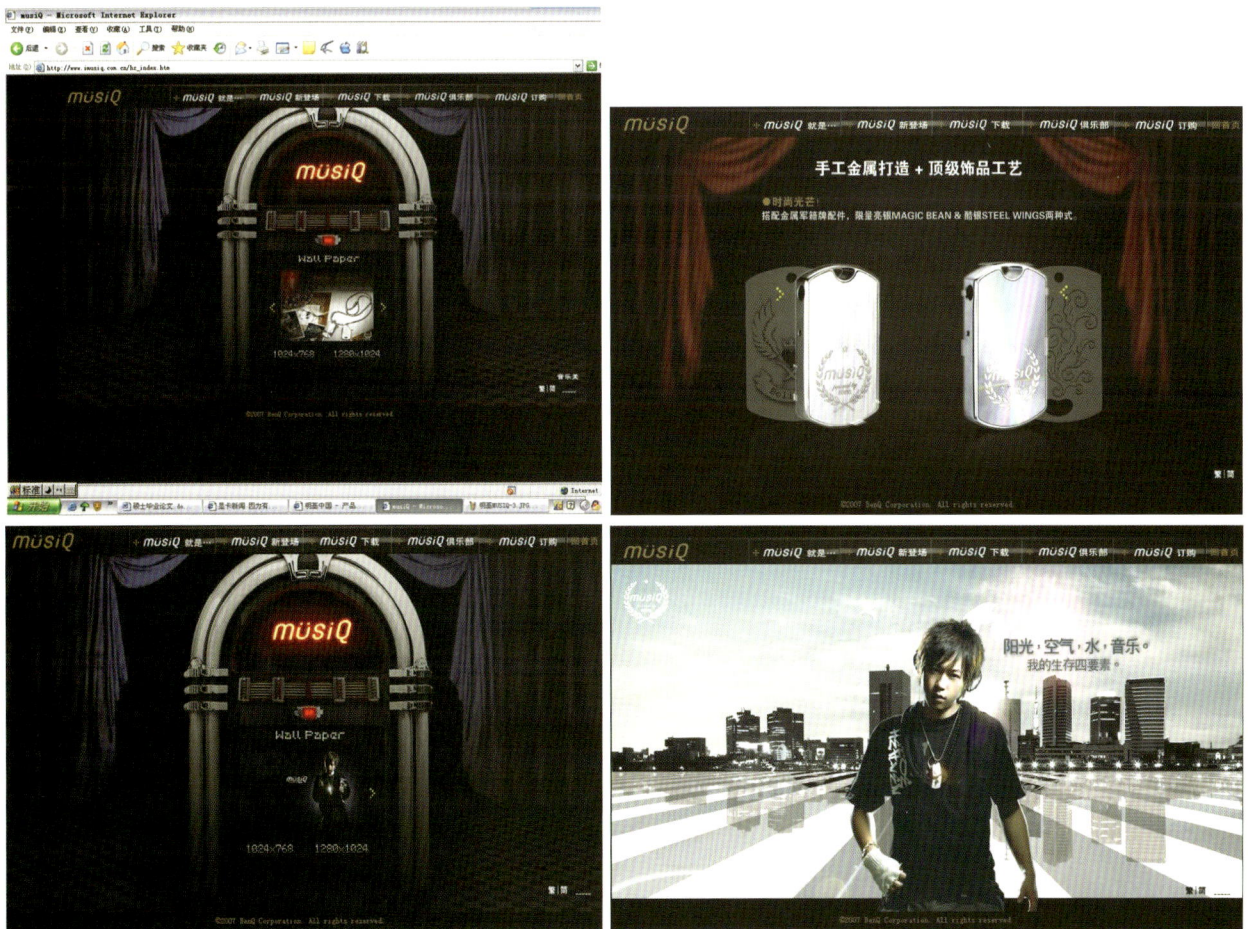

图8-15

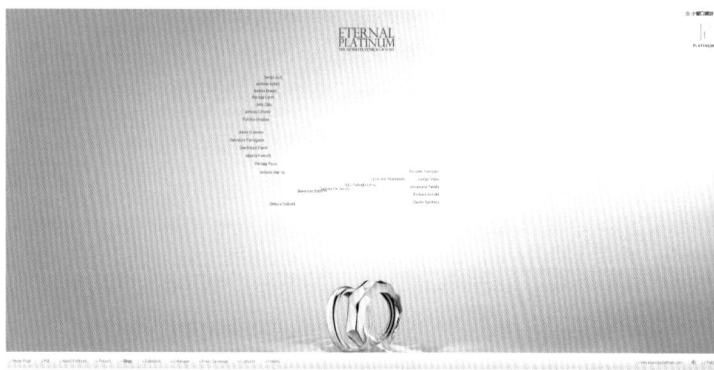

图8-16 铂金首饰 www.eternalplatinum.com
网络广告画面与观众的视觉沟通，也体现在画面的运动视点构
成符合观众的期待，这种对构成变化的预期，是由于观众的视
线受自然刺激而发生的转移。如本案例产品的出场。

图8-17

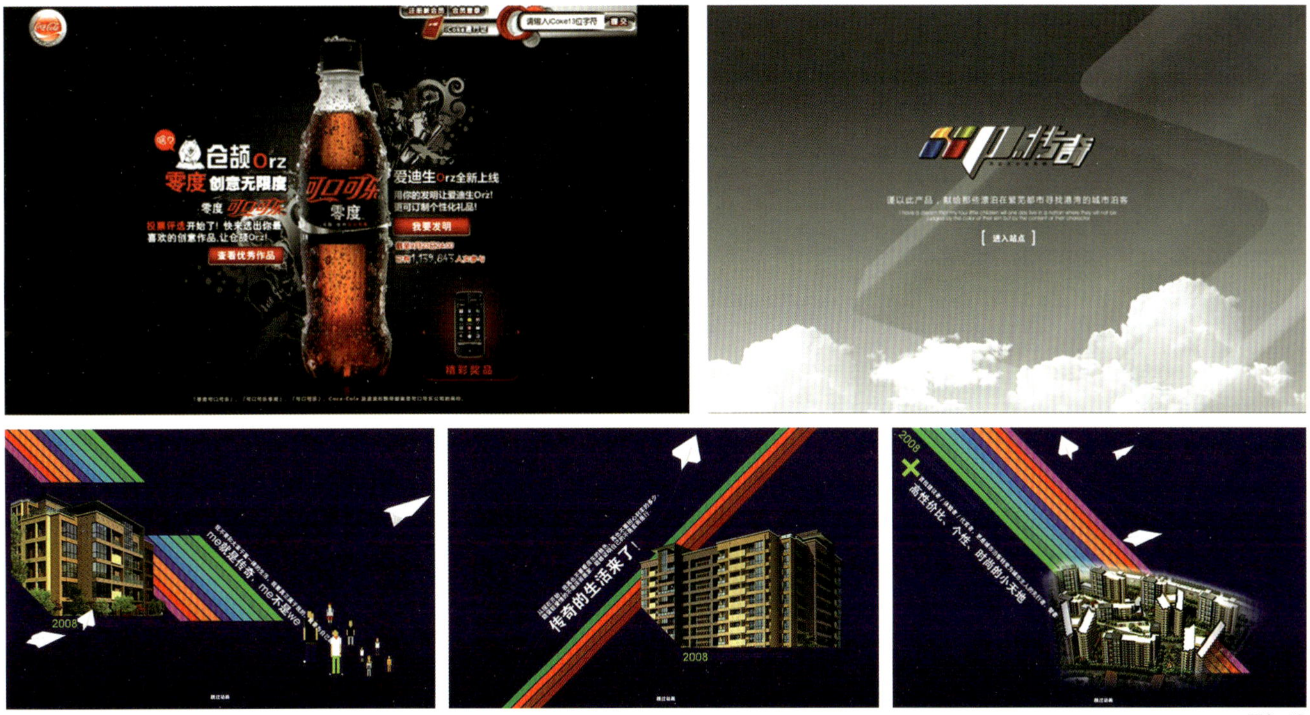

图8-18

这两则网络广告，都体现出互动形式的连续性视觉引导的作用，画面层层递进，而信息的整体也逐渐达成，视觉形式保持着统一的风格或类似性，保证了主题信息的完整表达。

图8-19 有色彩变化的网络广告　www.herbalessences.com
心理学的研究告诉我们：如果人们改变了正常的空间结构和视觉习惯，心理上就会产生新奇感，就能够引起人们的注意。如本案例，广告页面的色彩随主题内容而改变，引起人们对产品属性特质的注意。

图8—20

图8-21 冰茶国际连锁

形态的基本构成要素中，点、线、面都具有各自的视觉特性。点的集中分散、大小变化、连续性，以及节奏、韵律、方向甚至空间的深度会起到固定或移动视线的作用；线的连接、断开或交叉以及长度、粗细会呈现出远近感、运动的方向性、力象等不同的表现。通过线条的粗细变化、波浪形的曲线，还可呈现出具有方向性的流动感，抓住观众的注意力。

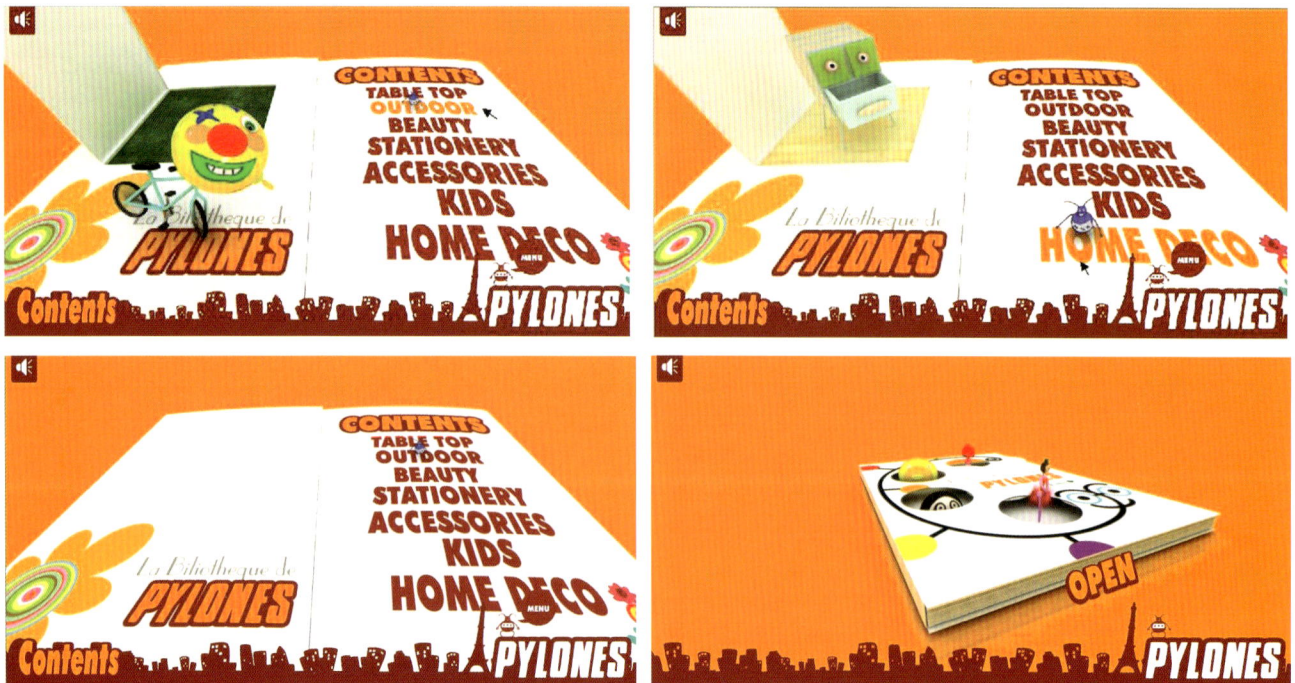

图8-22 以装饰性的视觉与艺术风格为创意语言的网络广告。

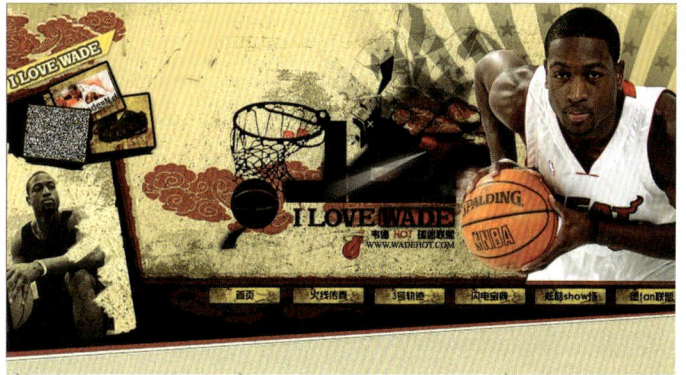

图8—23

图8—24

图8—25

图8—26

后记

　　互联网提供了丰富的网络广告创意的平台，互联网的互动特质是报刊、广播、电视等任何传统媒体都无法比拟的。网络广告，特别是中国的网络广告，虽然现在处于初始发展阶段，但随着中国互联网技术的发展，互联网的互动特质将在网络广告中得到充分利用。网络广告的根本特性之一就在于交互性，网络广告的核心优势就是"双向互动"，这种呈现网络特质并迎合受众的双向互动广告模式会逐渐成为中国网络广告市场上的主流。网络广告以其独特的互动性、多样性和精准性，彰显出与目标受众沟通时的无限魅力。我们有理由相信，随着技术的进步和网络广告环境的营造和改善，网络广告的创意空间将会越来越广阔，形式也会越来越多样化。对网络广告交互式视觉结构的研究是针对解决网络广告现有形式存在的普遍问题而进行的设计思维与设计方法探索，要适应网络广告快速发展的需求，形式的不断创新才是推动其发展前进的动力。因此，对网络广告的形式以及创新的可能性还有待进一步深入地研究。特别是强调网络广告的整合传播形式，网络媒体不应该与传统媒体的信息传播完全脱离，可以将它看作是在传统媒体基础上的功能延伸，用系统性的观念来规划网络广告的设计。因此，下一步研究的目标应该是放在网络广告与传统主流媒体的合作上，即与其他广告形式整合传播（与报纸广告、广播广告、邮寄广告、手机广告等），以期产生联动效果。

　　总之，作为一种全新的广告形式，在市场需求多元化、网络媒体继续高速发展的趋势下，网络广告的优势将得到越来越多的广告商的认可。面对已经取得的成就，网络广告行业在欢欣鼓舞的同时，还应该积极探索网络媒体的新特点和发展方向，适时采用新技术和新理念，开发出更切合网络媒体发展、更适合受众和市场需求的广告形式，使网络广告的优势长久保持下去。

参考文献

[1] 孙世圃，李小虎编著.网络广告设计[M].第一版.广州：岭南美术出版社，2004

[2] 辛华泉编著.形态构成学[M].第一版.杭州：中国美术学院出版社，1999

[3] 张江南，王惠著.网络时代的美学[M].第一版.上海：上海三联书店，2006

[4] 徐恒醇著.设计美学[M].第一版.北京：清华大学出版社，2006

[5] 柳沙编著.设计艺术心理学[M].第一版.北京：清华大学出版社，2006

[6] 苏宏斌著.现象学美学导论[M].第一版.北京：商务印书馆，2005

[7] [美]鲁道夫·阿恩海姆著.滕守尧译.视觉思维——审美直觉心理学[M].第一版.成都：四川人民出版社，2006

[8] 王令中著.视觉艺术心理[M].第一版.北京：人民美术出版社，2005

[9] 特伦斯·霍克斯著.瞿铁鹏译.结构主义和符号学[M].第一版.上海：上海译文出版社，1987

[10] 刘扬编著.广告策划与设计[M].第一版.重庆：重庆大学出版社，2002

[11] 李研祖主编.芦影著.平面设计艺术[M].第一版.北京：中国人民大学出版社，2005

[12] 郑国恩著.影视摄影艺术[M].第一版.北京：北京广播学院出版社，2003

[13] 李四达编著.数字媒体艺术概论[M].第一版.北京：清华大学出版社，2006

[14] [美]约翰 S.道格拉斯，格林 P.哈登.技术的艺术.影视制作的美学途径[M].第一版.北京：北京广播学院出版社，2004

[15] 刘友林，熊碧玲，熊一坚.网络广告的定位[J].企业经济，2001

[16] 徐凤兰.网络广告的发展及与电视广告的良性互动[J].中国广播电视学刊，2001

网络资源参考文献

[1] 仝丽娟.网络广告与CI集成系统研究[D].中国优秀硕士学位论文全文数据库.2001，CNKI:CDMD:2.2001.007017

[2] 晓娟.窄而告之　广而受益[N].中国重要报纸全文数据库.中国电脑教育报.2005，A03，CNKI:PCN:11-0210.0.2005/02/21AY

[3] 红动中国 http://www.redocn.com/

[4] ALFA汽车广告　http://www.alfa-experience.com/

[5] NIKE服饰广告 http://www.nike.co.kr/sportculture/

[6] 罗宾汉服饰 http://www.robinhood.com.cn/

[7] 明基MUSIQ http://www.imusiq.com.cn/hz_index.htm

[8] 奥迪Q7 http://www.ogilvy.com.cn/work/audi/q7/adventurechronicles1/website/index.html

[9] 中国风 http://www.leguan.cn/leguan08/index.html

[10] 可口可乐 http://www.cocacola.com

[11] 品客薯片 http://www.pringlesxyz.com/

[12] 海飞丝 http://www.head-shoulders.com.cn/index.html

[13] 森马 http://www.semir.com/semir.asp

[14] 玉兰油 http://rg.olay.com.cn/

[15] 联邦快递准时篇 http://bobd.cn/design/print.asp?ArticleID=21348

ART & DESIGN SERIES

图书在版编目（CIP）数据

网络广告交互设计 / 刘扬，吴丹著. —— 重庆 ：西南师范大学出版社，2013.8（2020.1重印）
ISBN 978-7-5621-6371-8

Ⅰ．①网… Ⅱ．①刘… ②吴… Ⅲ．①互联网络－广告－设计 Ⅳ．①F713.81

中国版本图书馆CIP数据核字(2013)第173173号

新世纪版／设计家丛书
网络广告交互设计　刘扬 吴丹 著
WANGLUO GUANGGAO JIAOHU SHEJI
责任编辑：王正端　鲁妍妍
整体设计：汪　泓　王正端
出版发行：西南师范大学出版社
地　　址：重庆市北碚区天生路2号
邮　　编：400715
本社网址：http：//www.xscbs.com
电　　话：(023)68860895
传　　真：(023)68208984
经　　销：新华书店
排　　版：点划设计工作室
印　　刷：重庆康豪彩印有限公司
幅面尺寸：210mm×285mm
印　　张：8
字　　数：191千字
版　　次：2013年8月　第1版
印　　次：2020年1月　第2次印刷
书　　号：ISBN 978-7-5621-6371-8
定　　价：59.00元